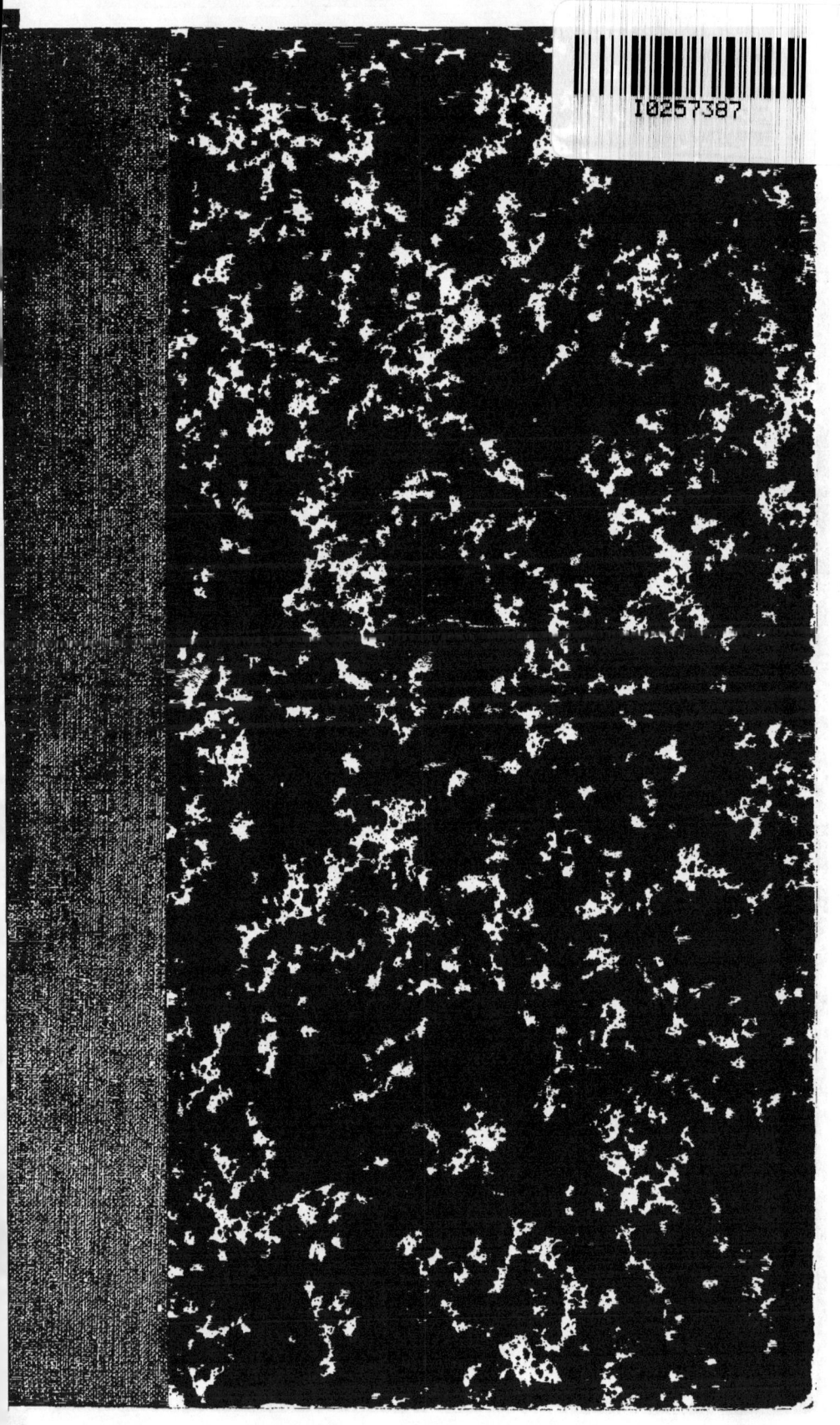

4°S
1563

ALFRED DIDIER

Les Merveilles des Champs

ILLUSTRATIONS D'APRÈS

COROT, COURBET, D'AUBIGNY, HANOTEAU, Etc.

PARIS
LIBRAIRIE CH. DELAGRAVE
15, RUE SOUFFLOT, 15

LES
MERVEILLES DES CHAMPS

SOCIÉTÉ ANONYME D'IMPRIMERIE DE VILLEFRANCHE-DE-ROUERGUE
Jules Bardoux, Directeur.

ALFRED DIDIER

LES MERVEILLES DES CHAMPS

ILLUSTRATIONS

d'après COROT, COURBET, d'AUBIGNY, HANOTEAU, etc.

PARIS
LIBRAIRIE CH. DELAGRAVE
15, RUE SOUFFLOT, 15

1895

AU LECTEUR

Le 16 juillet 1885, le maire de la commune de Septême, un des plus jolis villages de l'Isère, me fit appeler par sa vieille servante.

Notre premier magistrat, l'excellent M. Massier, m'avait fait recommander d'arriver assez tôt pour prendre du café avec lui. J'étais heureux d'aller passer quelques bons moments avec ce digne homme, qui depuis si longtemps s'appliquait à rester le meilleur de ses concitoyens.

Je songeais, tout en me dirigeant vers sa modeste maison, que les glycines égayaient par l'abondance de leurs jolies fleurs parfumées, je songeais, dis-je, que j'allais recevoir une réponse décisive au sujet de ma retraite, que les fatigues de l'âge m'avaient réduit à solliciter.

Je me trompais. Quand j'arrivai chez M. Massier, il se jeta à mon cou. Il y avait bien de quoi : songez donc ! M. le ministre de l'instruction publique venait de me décerner les palmes académiques, et le *Journal officiel*, étalé sur la table près d'un flacon de chartreuse jaune et d'une bouteille de vieux cognac, m'avait imprimé tout *vif*.

M. Massier me félicita cordialement. Il était de ces bons cœurs qui partagent le bonheur des autres, et ceux-là ne connaissent pas l'envie.

Au nom de l'État, excusez du peu, il me remercia d'avoir donné le bon exemple à plusieurs générations de Septêmois.

En rendant hommage à mes qualités professionnelles, à mes aptitudes, qu'il déclarait tout simplement remarquables, il se faisait l'interprète de tous les habitants de la commune, dont l'immense majorité ne savait lire que grâce à la patience de ma férule.

Il me dit encore bien des choses aimables, et moi, pauvre instituteur blanchi sous le harnois, je connus un instant l'ivresse du triomphe, que je ne crus pas avoir payée trop cher par près de quarante ans de consciencieux efforts.

Bien qu'on soit toujours de l'avis de celui qui nous complimente, je refusai cependant de reconnaître que ma tâche d'instituteur fût ingrate.

J'ai aimé mon école de toutes les forces de mon âme, et je n'y suis jamais entré sans avoir le sentiment de la plus noble mission.

J'avais entendu dire, après la guerre, que l'instituteur allemand avait gagné autant de batailles avec ses lunettes que le feld-maréchal de Moltke avec ses canons; et, dans mon village perdu dans les montagnes, il me semblait que, du haut de ma chaire, je commandais à une compagnie de braves, et que nous allions reprendre ensemble un petit coin de l'Alsace.

Si, depuis 1870, j'étais devenu pensif et plus grave, ce

n'est pas parce qu'il avait neigé sur ma tête. Je m'en voulais de m'être trompé sur notre puissance, et déclaré pendant si longtemps que la France était invincible. Je me reprochais enfin de n'avoir pas songé que les peuples ont leurs illusions, comme les hommes.

Vous trouverez peut-être qu'un instituteur n'a pas à faire appel à certains sentiments, et à agiter de semblables pensées, et qu'il a fait tout son devoir lorsqu'il a appris à ses élèves à lire couramment le *Bulletin des Communes,* ou à écrire une lettre dont l'orthographe ne soit pas trop cruellement estropiée.

Tel n'est pas mon avis. Je ne me suis pas borné à cette routine de l'enseignement qui consiste à faire réciter une méthode plus ou moins élémentaire, et à se débarrasser d'un élève, j'allais dire d'un perroquet, lorsqu'on n'a plus rien à demander à sa mémoire.

J'ai pris un plaisir infini à faire pénétrer dans le cœur de mes petits paysans tous les principes qui honorent l'humanité ; et quand j'ai eu la conviction qu'une pensée contenait un germe viril et fécond, je l'ai semée dans leurs intelligences naïves jusqu'à l'heure où l'éclair du regard m'avertissait qu'elle était enfin comprise et que je pouvais compter sur la récolte.

Bien des fois, l'implacable nécessité m'a ravi des élèves que j'aurais voulu réserver pour de plus brillantes destinées que celle de la garde des dindons ou des vaches ; mais, dans notre région privilégiée, j'ai la consolation d'avoir trouvé peu de résistances systématiques.

Oui, dans ce Dauphiné pittoresque, où les horizons changent

comme les industries, où la nature a prodigué ses merveilles les plus variées, les pics inaccessibles où la neige s'éternise, et les plaines riantes où toutes les moissons sont permises; dans cet admirable pays où l'homme ingénieux brise l'orgueil des torrents contre la roue des usines ; où le ciel, préface azurée du midi, sourit à tous comme l'espérance, j'ai trouvé chez les plus humbles paysans la fortifiante ambition du mieux, et chaque fois que j'ai voulu retenir un de leurs fils à mon école, n'eussent-ils pour toute fortune qu'un arpent de terre, une vache et deux chèvres, ils m'ont toujours répondu : « Faites comme vous l'entendez ! »

Et j'ai fait de mon mieux. Quelques-uns, parmi mes protégés, sont devenus des hommes remarquables, et leur nom a plusieurs fois retenti dans les gazettes.

Trois surtout m'ont fait honneur. Le premier est lieutenant-colonel d'infanterie de marine, et il a fait revivre en Orient les traditions héroïques de nos soldats. Tenez, je suis absolu dans mes idées, et on ne m'ôterait pas du cœur une conviction qui m'est chère : c'est qu'en nourrissant mon futur général avec la légende de Bayard, un Dauphinois, s'il vous plaît, je lui ai persuadé qu'on était certain de vivre sans reproche quand on était prêt à mourir sans peur.

Le second de mes favoris est peintre. Après avoir épuisé la série des médailles, il a été nommé chevalier de la Légion d'honneur, et les bons critiques s'accordent à reconnaître qu'il marche sur la trace de nos meilleurs paysagistes. Celui-là, j'ai dû le bercer avec l'hymne que j'entonne chaque jour en face de nos monts verdoyants, aux flancs desquels ruissellent des cascades de perles ; et s'il rend notre grandiose nature avec autant de charme que de vérité, c'est que je la lui fis aimer comme je la chéris moi-même.

Le troisième enfin est un homme politique, un député qu'on réélit, parce qu'il dit très bien tout ce qu'il pense.

C'est sans doute une présomption, que rien ne justifie, de m'attribuer même une parcelle de la gloire du soldat, du peintre ou de l'orateur qui ont usé tant de culottes sur les bancs de mon école, et il vaut certainement mieux faire remonter à leur seul mérite la cause de tant de succès.

Je m'accuse donc de l'orgueil que m'ont inspiré les trois hommes éminents qui sortirent de ma classe, et je retrouve le droit d'être fier en songeant à la plupart de mes chers élèves dont j'ai fait de bons paysans.

De bons paysans... La belle affaire !

Je lisais récemment un livre sur les mœurs, livre écrit par un prêtre et désigné par d'illustres suffrages à l'attention publique. J'ai trouvé ces pages trop pessimistes ; mais je ne saurais en vouloir à l'auteur parce qu'il nous a peint des laboureurs égoïstes et presque fatalement inaccessibles à une pensée généreuse.

Il s'agissait, en effet, d'une aride région et de pauvres gens courbés sur une terre ingrate, et luttant pour la vie avec l'âpre certitude d'être finalement vaincus.

Chez nous, il n'en est pas ainsi. Le paysan ignore la misère, et tant que son bras peut manier la pioche, la charrue ou la faux, il vit heureux et tranquille dans sa modeste chaumière.

Il réalise l'antique idéal : l'âme saine dans un corps robuste. Il a conquis l'indépendance par la juste rémunération de son labeur.

Il n'est plus depuis longtemps l'être faible et tremblant qu'on s'est complu à nous dépeindre. Il a le sentiment de la liberté qu'il doit à ses efforts quotidiens. Il élève rarement la voix, mais il ne baisse jamais les yeux. Il ne s'effraye pas à la vue d'un fonctionnaire que les hasards d'un service officiel mettent sur son chemin. Il est doux sans contrainte et humble sans servilité. Il n'est pas indifférent à nos luttes, et son jugement très droit et très sûr ne lui défend pas une certaine dose de raillerie, que le sel dauphinois rend fort piquante.

Enfin, dès qu'il possède un peu d'instruction, il devient un compagnon agréable et franc comme le petit vin de nos coteaux.

Oui, ils sont vaillants entre tous, ces rudes travailleurs que la besogne de chaque jour disperse dès l'aurore dans la montagne où la vigne mûrit à la barbe des sommets neigeux, et dans la vallée fertile où, devant les bataillons serrés d'épis d'or, j'ai si souvent souhaité l'avènement du grand jour où tout le monde aurait sa part de pain.

Ils sont honnêtes et sérieux, ceux que j'ai nourris avec la sagesse des nations, que j'ai mise à leur portée en multipliant les exemples.

Je leur ai appris que la raison est le sens du bonheur; qu'un vice coûte plus cher à nourrir que deux enfants; que ce sont les gains légers qui rendent la bourse pesante; et qu'il ne faut pas gaspiller le temps, parce que c'est l'étoffe dont la vie est faite.

Puisqu'ils sont contents de leur sort, économes, laborieux et sobres, puis-je me plaindre de n'avoir pas été compris?

Si je fais ici l'éloge de mes vieux amis, vignerons, cultivateurs ou bergers, c'est que je les connais mieux que personne, ayant vécu au milieu d'eux, estimé dans chaque famille comme j'avais rêvé de l'être, lorsque je fis ma première classe dans mon école de Septême.

Il y a bien longtemps de cela : j'étais jeune et enthousiaste, et je croyais posséder une fortune, puisque j'avais mon brevet élémentaire.

Nous n'avions pas encore profité des avantages incontestés réservés depuis aux maîtres de l'enfance. Je me plais à reconnaître que l'instituteur a pu bénéficier à son tour des faveurs du budget. Malheureusement pour moi, ces faveurs n'ont pas d'effet rétroactif, et si j'avouais le chiffre de ma pension probable, je ne porterais envie à personne. Mais quand je débutai, j'avais des illusions, et qu'importait leur fragilité, puisque je ne les cassai pas?

Je résolus un jour de faire des conférences. J'ai dû souvent battre la campagne pour recruter des auditeurs, car je n'avais pas à mon service la voix vibrante des cloches qui parle à toute la commune avant de se perdre dans le ciel.

A force de persévérance, j'atteignis mon but. J'ai eu quelquefois de bonnes salles, comme on dit ailleurs, et j'ai connu, devant les autorités du village, l'émotion inséparable d'un premier début.

J'ai parlé de tout ce qui pouvait intéresser ceux qui habitent la campagne et ceux qui aiment la vie rustique. Je n'ai pas fait de plan et je n'ai pas suivi de méthode. Au hasard de mes lectures et de mes promenades, j'ai fait un dossier pour chaque sujet qui s'imposait à mon attention, et j'ai écrit quelques études, que je publie, au petit bonheur.

En rêvant au bord d'un ruisseau dont les ondes murmurantes berçaient ma promenade, j'ai suivi son cours et je me suis attardé sur ses rives. Avant de décrire sa carrière fugitive, j'ai écrit l'histoire d'une goutte d'eau et de ses transformations successives, depuis le moment où elle fuit, en s'évaporant, le sein des mers, jusqu'à celui où elle rentre à ce mouvant bercail, par la route sinueuse et toujours plus large du ruisselet, de la rivière et du fleuve.

En suivant la vagabonde abeille dans sa course matinale, j'ai entrepris de conter sa vie toute de poésie et de travail.

En parcourant les champs, j'ai demandé à chaque plante quel remède elle pouvait offrir à nos maux, et quelle était sa raison de grandir sous la brise caressante des cieux.

Ailleurs, j'ai observé le monde des oiseaux, sans oublier un instant que je ne pouvais en tracer qu'une rapide esquisse, qui suffira, je l'espère, à développer le goût d'une étude plus attentive.

Enfin, j'ai parcouru la forêt profonde et toujours intéressante, soit que le printemps ranime les nuances si fraîches et si délicates de son feuillage, soit que l'hiver couvre d'un manteau de neige ses arbres attristés.

Et de toutes mes lectures, de toutes mes observations et de tous mes souvenirs, j'ai fait un livre que je dédie à ma chère mère, qui dort, depuis vingt ans, dans le cimetière fleuri de mon pays natal.

LES
MERVEILLES DES CHAMPS

CHEZ LES ABEILLES

Je me souviens toujours avec plaisir d'une charmante poésie intitulée *les Confidences d'une abeille*. Le poète a essayé de donner une âme à cet insecte si prodigieusement doué : il l'a questionné et a mis dans ses réponses le meilleur de sa pensée.

Je ne trouverai peut-être jamais l'occasion de donner l'envolée à ces vers qu'un jour de printemps inspira. Je vais donc vous les dire, parce qu'ils seront peut-être la meilleure préface aux pages qui vont suivre.

« Blonde abeille, dis-moi ce que t'a dit l'oiseau
Autour des nids jaseurs quand tu faisais ta ronde?
— Il m'a dit bien souvent du haut d'un vert rameau :
« Moi, je voudrais chanter pour tout le monde. »

« Aux premiers jours d'avril, que t'a dit le lilas,
Lorsque tu le frôlais d'une aile vagabonde?

— Il m'a dit : « De ce coin de jardin je suis las,
 « Moi, je voudrais fleurir pour tout le monde ! »

« Au grand jour des moissons, que t'a dit l'épi d'or
Qui planait triomphant sur la terre féconde?
— Il m'a dit : « Quand je sens approcher messidor,
 « Moi, je voudrais mûrir pour tout le monde ! »

« Blonde abeille, dis-moi, que t'a dit le raisin
Quand tu faisais la cour à quelque grappe blonde?
— Il m'a dit : « De mon sang puisque l'on fait du vin,
 « Moi, je voudrais mourir pour tout le monde ! »

Saturnin Bouvier, le père d'un de mes élèves, avait tué deux râles d'eau, heureuse circonstance dont il profita pour m'aider à déguster cet excellent gibier.

Le dîner parut court, parce qu'il fut constamment arrosé avec un délicieux vin d'Ampuis, dont un inspecteur général aurait fait son ordinaire.

Nous ne pouvions nous dispenser, après le repas, de faire une promenade au jardin potager, conservatoire de légumes plusieurs fois couronnés au comice agricole de Pont-Évêque.

Nous cheminions contents, devisant des récoltes et des moissons futures, lorsque Saturnin Bouvier s'écria :

« Un détour... Les ruches!

— Vous avez donc du miel?

— Oh! douze à quinze cents francs par an, seulement... »

Et il ajouta avec un malin sourire :

« Ce qu'il y a de plus curieux, c'est que les voisins ne s'en doutent pas. »

C'est bien humain de trouver un plaisir à mystifier autrui.

Le soir, en rentrant à Septême, je me promis de trouver

les moyens d'inspirer à mes concitoyens le goût de l'apiculture, et, pour la première fois, je m'aperçus que, dans un pays où les fleurs ne coûtent rien, c'était presque un crime de négliger les abeilles.

Possesseur temporaire d'un arpent clos de murs, j'avais enduré sans me plaindre quelques méchantes piqûres, parce qu'on m'avait appris à les guérir instantanément avec quelques gouttes de jus de baies de chèvrefeuille.

Rucher.

Je savais que les jardins fréquentés par les abeilles ont des fruits d'autant plus abondants qu'en s'introduisant dans le calice des fleurs les mouches à miel emportent la poussière fécondante, et qu'il en résulte une fructification artificielle que des conditions atmosphériques défavorables auraient empêchée d'avoir lieu naturellement.

J'avais lu que les bords du Rhin, dans la partie moyenne du fleuve, sont la contrée de l'Allemagne la plus riche en fruits; or, il est bien rare d'y voir un cultivateur, un paysan, un propriétaire, qui n'ait pas chez lui une ruche d'abeilles.

Aussi n'y a-t-il jamais, dans cette région, d'année où les fruits fassent complètement défaut.

Cette observation valait bien la peine d'être consignée ; mais les douze à quinze cents francs de miel de Saturnin Bouvier parlaient encore avec plus d'éloquence.

J'ai donc fait de l'apiculture en amateur, avec l'espoir de faire profiter mes voisins de l'expérience acquise.

Je suis maintenant convaincu que tous les paysans doivent grouper autour de leurs habitations ces vaillantes moisson-

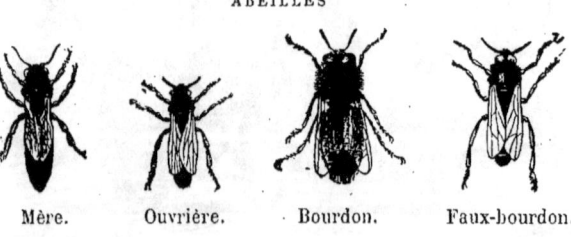

ABEILLES

Mère.   Ouvrière.   Bourdon.   Faux-bourdon.

neuses, et leur donner une hospitalité qu'elles payent royalement.

« Il faut, a dit M. Vignole, un éminent apiculteur, il faut que l'abeille ait désormais à la ferme, près de l'agneau qui bondit, sous le tilleul qui ombrage l'enclos, un endroit tranquille où elle puisse élever en sûreté sa famille bénie. Si l'agneau donne sa toison blanche, si le tilleul produit ses fleurs parfumées, l'abeille donne son rayon de miel avec une souveraine prodigalité. »

En étudiant l'insecte privilégié qui voltige dès l'aurore pour récolter un suave nectar, on a double avantage : on augmente ses revenus et on recueille un précieux enseignement. Et la moisson n'est pas ordinaire, quand la morale sème et quand l'intérêt récolte.

S'adressant à l'homme paresseux et imprévoyant, un roi philosophe a dit :

« Va vers la fourmi, et deviens sage. Elle n'a ni chef, ni précepteur, ni prince qui la conduise. Elle fait cependant sa provision pendant l'été, et elle amasse, dans le temps de la moisson, de quoi se nourrir durant l'hiver. Devant un tel exemple, ô paresseux, jusques à quand dormiras-tu ? »

Dans la bouche d'un roi, cet éloge de la meilleure des républiques est bien fait pour nous surprendre ; mais, si nous le consignons ici, c'est parce qu'il s'applique également à la fourmi et à l'abeille.

« Va vers l'abeille, peut-on dire à l'homme inutile ; elle t'apprendra l'amour du travail, l'économie, la propreté et la tempérance ; elle t'initiera à l'ordre le plus parfait ; elle t'apprendra la soumission la plus entière. Emprunte-lui l'amour de tes semblables et le dévouement à la famille, admirables principes de sa prodigieuse activité ! »

La meilleure manière de vanter les institutions de ce peuple favorisé, c'est de l'étudier attentivement : c'est ce que j'ai fait avec un plaisir que je serais trop heureux de communiquer à mes lecteurs.

La connaissance ou histoire naturelle des abeilles comprend : la physiologie de ces insectes, leurs mœurs, leur architecture, leur couvain, leurs maladies, leurs ennemis, etc.

Sous le rapport de l'exploitation des abeilles et du mode de les cultiver et d'en obtenir des produits, on peut diviser l'apiculture en grande et petite, en apiculture sédentaire et apiculture pastorale, et aussi en apiculture de producteur et apiculture d'amateur. Chacune de ces grandes divisions a des pratiques particulières qui varient selon le climat, la flore locale, le système de ruches employé et le débouché des produits.

Tout en recourant aux meilleurs auteurs pour donner toute la variété et toute la compétence possibles à ce traité sans prétentions, je ne m'écarterai pas des principes professés par M. Hamet, dont le cours du Luxembourg fait autorité.

Tête d'abeille ouvrière.

Une colonie d'abeilles se compose de trois sortes d'individus, ayant des aptitudes et des fonctions distinctes : l'abeille ouvrière, l'abeille mère, et le faux-bourdon ou mâle.

L'abeille ouvrière, qui, formant le gros de la colonie, est prise pour type de l'espèce, est plus petite que les autres : ses ailes recouvrent son corps presque en entier, et ses trois paires de pattes sont garnies de petites brosses qui servent à réunir les parcelles éparses de pollen, et à les entasser dans une cavité de la paire postérieure. Sa bouche est munie d'un outil charmant et subtil, la trompe.

L'abeille mère est plus grosse et beaucoup plus longue que

l'ouvrière. Les apiculteurs de la vieille école l'appelaient la reine, joli nom qu'on aurait dû conserver, parce qu'il couronne légitimement sa maternité féconde.

Le faux-bourdon a la tête ronde et les ailes relativement larges.

La vie de l'abeille est courte, car elle voit rarement fleurir plus de quatre printemps. Pour réparer les pertes quotidiennes, il faut donc une multiplication infinie.

Pattes d'abeilles, montrant les corbeilles et les brosses.

L'abeille mère, ou reine, pond successivement les œufs d'ouvrières, ceux de mâles, et enfin ceux de mères.

En raison de ses fonctions, la reine a beaucoup de privilèges. En temps de disette, le peu de provisions qui reste lui est réservé. Est-elle en danger, les abeilles se font un devoir de la défendre, en se rangeant autour d'elle et en l'enveloppant de leur corps, peu soucieuses de leur propre existence, pourvu qu'elles conservent celle de leur souveraine. Est-elle malade, la langueur et la tristesse s'emparent de tous les cœurs, et c'est alors que l'on redouble d'égards, de soins et de zèle. Vient-elle à mourir, la désolation est générale : on n'entend plus que tristes lamentations; l'ordre, le travail, la discipline, tout cesse momentanément. Cependant, on aime encore mieux conserver son cadavre que de s'en priver en le traînant hors de la cité : il semble à chacun qu'à force de caresses il doive reprendre vie.

C'est la reine qui ordonne le départ de la colonie pour une autre habitation. Sa sortie est précédée d'une avant-garde. Un vieil auteur nous conte qu'elle donne le signal, et qu'aussitôt ce ne sont que marches et fanfares. Il est rare qu'elle se fixe avant la sortie de toute son armée : comme le capitaine de vaisseau, elle ne quitte le navire qu'après tout l'équipage. Si c'est une branche d'arbre qui doit servir de station, pour éviter tout danger et pour faire bonne garde, elle se place au milieu de la légion.

C'est encore la reine qui juge de la convenance d'une habitation, qui fait battre aux champs selon sa volonté, et qui fixe ses inférieures où il lui plaît de s'établir. Quand l'emplacement primitivement choisi lui paraît défectueux, elle expédie des fourriers à la recherche d'un autre gîte. C'est quelquefois à son humeur volage et légère que l'on doit attribuer les fréquentes sorties, les rentrées et les départs successifs de certains essaims. De temps en temps elle parle aux abeilles; elle les rassure. Elles ont en elle une si grande confiance que dès qu'elles ne l'entendent plus, elles se livrent à une continuelle agitation. C'est encore la reine qui sonne l'alarme en cas d'attaque. A son signal, la ruche est sous les armes, et il n'est pas au monde un général plus obéi.

Tant de privilèges n'empêchent pas de grands défauts. Les mères ou reines ont une telle aversion les unes pour les autres, qu'il ne peut y en avoir deux en même temps dans une ruche, sans qu'elles se battent jusqu'à ce que la mort de l'une d'elles s'ensuive.

Quant à l'abeille ouvrière, elle est condamnée au labeur à perpétuité. Elle a pour tâche d'élever le couvain, nom qu'on donne à la progéniture de l'abeille mère, quand elle n'a pas encore atteint son développement, d'approprier la ruche, de construire les magasins, de les remplir et de les défendre.

Bonne d'enfants, ménagère, architecte, fournisseur et sentinelle, elle est tout cela, avec une égale supériorité.

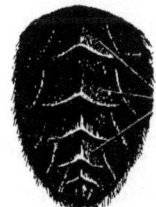

Plaques cirières de l'abeille.

La plus grande intelligence et la plus douce union règnent entre les abeilles ouvrières d'une même colonie. L'entente des travaux est aussi admirable que parfaite. Mais malheur aux abeilles étrangères qui viennent dans leur ruche : elles sont impitoyablement mises à mort.

Bien comprises, ces connaissances ont suffi pour mettre l'abeille sous la puissance de l'homme.

On a dit que les abeilles avaient un langage qui leur était

particulier : thèse difficile à soutenir, puisqu'elles ne profèrent aucun son articulé. Voici les exemples qu'on a donnés.

Quand une ruche a perdu sa mère, on y remarque une agitation générale, un tumulte, une perplexité qui ne sauraient échapper aux yeux les moins attentifs. On la cherche de tous côtés ; si l'on ne peut la retrouver, il s'agit de la remplacer. Cette ligue d'efforts en faveur de l'avenir laisse supposer un accord de volontés, et comment l'établir sans la ressource du langage ?

Il faut aussi cette réunion d'actions communes quand il s'agit de repousser un ennemi. Et pour exécuter un ordre, quand le moment est arrivé, ne faut-il pas l'avoir entendu ?

Lorsqu'une abeille a trouvé du miel, soit dans un établissement non fermé, soit dans une ruche étrangère où elle a pu pénétrer, elle en avertit ses compagnes, qui sortent bientôt par centaines et par milliers pour avoir part au butin. Comment pourraient-elles donner cet avertissement, sans une espèce de langage entendu de chacune d'elles ?

Mais ce langage est confus et n'exprime pas distinctement les idées. Car si c'est dans une chambre que la première abeille a trouvé du miel, les autres ne se dirigent pas d'abord vers l'embrasure de la fenêtre où elle a passé ; elles voltigent autour de toutes les croisées du même bâtiment, jusqu'à ce qu'elles arrivent à celle qui y donne accès. Si les abeilles pouvaient se communiquer des idées bien précises, ces recherches n'auraient pas lieu.

Mais passons à la vie active du plus industrieux des insectes.

Le premier soin des abeilles qui s'établissent dans une ruche est de la nettoyer avec un zèle scrupuleux et de boucher toutes les fentes qui s'y trouvent, avec une matière résineuse appelée propolis.

La propolis a les origines les plus variées : suivant les circonstances, les abeilles la puisent à des sources différentes. On admet souvent qu'elle n'est pas autre chose que la matière agglutinante des bourgeons de saules, de peupliers, de bouleaux, d'ormes, etc. ; mais, d'une part, les abeilles ont de la propolis dans des contrées où il ne croît ni saules, ni peupliers, ni arbres analogues, et, d'autre part, on connaît des cas divers où la production de cette matière peut être attribuée à d'autres causes.

La propolis employée comme il convient, une partie des ouvrières enlève les insectes morts et les débris inutiles : les autres se répandent dans la campagne et vont faire provision de leur ciment favori.

Un auteur rapporte qu'une limace, étant entrée dans une ruche, fut tuée par les abeilles, et que celles-ci, ne pouvant se débarrasser de son cadavre, en prévinrent la décomposition en le couvrant de propolis. Un mulot qui avait commis la même imprudence eut le même sort.

La propolis chauffée donne une odeur aromatique ; par la distillation, on en obtient une huile essentielle très suave.

Dès que la ruche est en état, l'œuvre de l'abeille commence.

Aux premiers jours de mars, quand un soleil incertain, mais déjà réconfortant, réveille la sève endormie, la fleur des champs, la violette sauvage, la pâquerette des gazons, la giroflée hâtive et le muguet s'épanouissent et parfument l'air.

A ce moment, l'abeille, qui a passé tristement l'hiver, enfermée dans sa ruche, se hasarde à déployer ses ailes.

Les fleurs l'appellent, et la grande variété de plantes dont la nature orne le sol pendant toute la durée de la belle saison offre un champ immense à ces instincts d'approvisionnement.

Un médecin poète, un écrivain savant et gracieux, le docteur des Vaulx, nous apprend qu'elle sort de sa ruche après avoir minutieusement inspecté le ciel.

Elle est très laborieuse, c'est vrai, mais elle n'est pas à l'abri de la peur, et le tonnerre la fait trembler comme une personne nerveuse. Le vent la décourage, la pluie la rend malade ; le froid l'engourdit et brise ses forces ; mais l'air tiède, le soleil, le ciel pur, raniment ses instincts aventureux et la poussent vers les herbes fleuries.

C'est un plaisir que de contempler alors ces deux êtres charmants liés l'un à l'autre : la fleur docile qui s'incline aux mouvements de l'insecte. Le sanctuaire qu'elle avait fermé à la brise du ciel et aux regards de l'homme, elle l'ouvre à son abeille bien-aimée, et la chercheuse hardie s'établit au fond de ces asiles embaumés et dignes des fées.

Comparant l'abeille au poète, Victor de Laprade a bien rendu le charme de l'heure bénie des premières moissons :

> Sors de ta ruche obscure et vole, ô jeune essaim !
> Doux rêves que l'hiver enchaînait dans mon sein,
>   Allez, chantez sur l'aubépine !
> Le soleil vous invite, ô mes oiseaux chéris ;
> L'herbe est verte aux sillons, et les pêchers fleuris
>   Ceignent de rose la colline...

Allez, c'est le printemps, splendeur de l'univers !
O mes rêves, partez ! Les jardins sont ouverts
  Où l'abeille se rassasie ;
Puisez à tout calice, allez dans les ravins,
Sur les coteaux de vigne et sur les noirs sapins,
  Chercher la poésie !

A midi, quand le hâle a tari les fleurs de la plaine, l'abeille

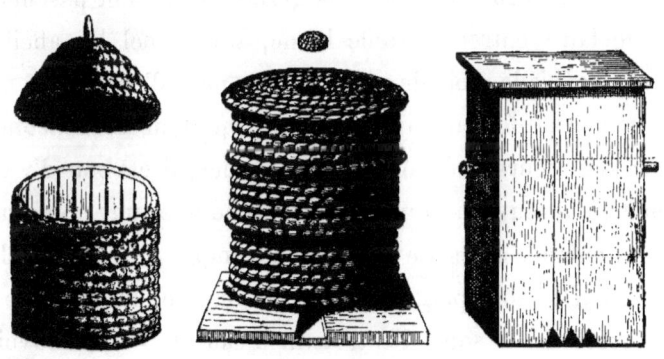

Différents types de ruches.

vole dans les bois vers celles que l'ombre abrite et rafraîchit, et dont la coupe pleine de larmes de miel se prête à son éternel désir.

Toutes ces richesses, conquises par un labeur opiniâtre, sont rapidement transportées à la maison, au rucher.

Dans ses poèmes rustiques, l'abbé Delille a parfaitement indiqué l'emplacement de ce rucher. Il veut, en vers que j'ai oubliés, une source d'eau claire près des essaims, des fossés couronnés de mousse, un ruisseau transparent, et l'ombre d'un tilleul impénétrable aux rayons du soleil.

Hamet dit que si les ruches ne sont pas établies dans des

vergers, il est bon de planter des arbustes autour d'eux pour que les essaims s'y reposent. Les arbres que ceux-ci semblent affectionner sont les pruniers, les pommiers, les cerisiers bas, les abricotiers et les pêchers.

Lorsqu'on dispose près du rucher des terrains pour plates-bandes, on peut garnir ces plates-bandes de fleurs qu'aiment les abeilles, telles que le thym, la lavande, la mélisse, la véronique, le réséda, etc. Dans les gazons, il ne faut pas manquer de faire entrer le trèfle blanc, sur lequel les abeilles butinent depuis le mois de mai jusqu'au mois d'octobre.

Le même professeur ajoute que lorsqu'il ne se rencontre pas de petit courant d'eau près du rucher, il est bon d'y entretenir un abreuvoir. Pour cela, on prend une auge en pierre, que l'on enfonce à ras de terre : on l'emplit d'eau, dans laquelle on jette une poignée de cresson de fontaine et un peu de mousse. On a soin d'entretenir l'eau de cet abreuvoir, surtout au printemps et pendant la plus grande partie de l'été.

En général, l'exposition de l'est est la meilleure, parce qu'elle abrite contre les orages, les pluies et la chaleur trop ardente.

Il faut aussi veiller à ce que le rucher soit placé dans un lieu que protègent contre la bise un coteau, des arbres ou une haie élevée.

Si vous suivez fidèlement ces indications, et qu'en outre votre ruche se trouve à proximité de belles prairies naturelles ou artificielles ; si aux fleurs odorantes des vergers succèdent celles des tilleuls ou des bruyères, si aimées des abeilles, vous pouvez alors vous considérer comme occupant une position avantageuse et tout à fait digne d'envie.

Tout le monde est à peu près d'accord sur l'emplacement de la cité, c'est-à-dire du rucher ; personne ne l'est sur le type de la maison, c'est-à-dire de la ruche.

Depuis des siècles, les apiculteurs dissertent sur les moyens d'obtenir la meilleure ruche : c'est leur question des sucres, éternellement débattue, éternellement posée.

Pierre Joigneaux, à qui l'on doit la plus complète encyclopédie rustique, a décrit les meilleures ruches connues.

On sait qu'à l'état sauvage, les abeilles élisent domicile dans le creux des arbres et les trous des rochers. En les domestiquant, on a dû les loger dans des vaisseaux portatifs qu'on a appelés ruches. On bâtit des ruches de toutes les formes et de toutes les grandeurs, et les matériaux qu'on emploie le plus communément sont : la paille, les petits bois, tels que l'osier, la viorne, le troène, etc., les planches et le liège. La paille est généralement la matière qui convient le mieux : elle se trouve partout, et elle a le grand avantage d'être mauvais conducteur de la chaleur. La ruche en paille garde mieux que toute autre une température uniforme ; elle s'échauffe moins en été et conserve mieux sa chaleur en hiver. On a dit des ruches : « La meilleure est celle dont on sait le mieux se servir. »

L'éminent apiculteur divise les ruches en ruches simples ou communes et ruches composées.

On comprend dans les ruches communes toutes celles en une pièce, quelles qu'en soient la forme et la matière. La plus usitée dans le nord et dans le centre de la France est la ruche en cloche, tantôt en paille, et tantôt en petit bois. La plus usitée dans le Midi est celle en planches et en liège. A côté de ces deux dernières, il n'est pas rare de rencontrer encore le tronc d'arbre creux.

En Algérie, les Arabes se servent d'une ruche longue, construite le plus souvent en branches de férule, ou d'autres fois avec des planches de sapin ou d'un bois résineux quelconque, parce que, d'après une croyance générale, qui n'est pas justifiée, l'odeur de ce bois éloignerait certains insectes parasites.

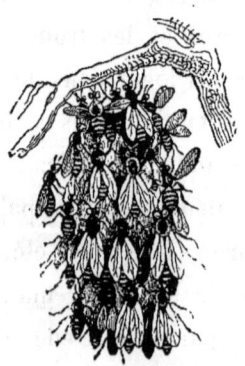

Essaim.

Les ruches composées ou à divisions comprennent les ruches à chapiteaux, les ruches à hausses et les ruches à rayons mobiles.

La ruche qui jouit aujourd'hui de la plus grande vogue en Allemagne, et que des apiculteurs de notre pays regardent comme supérieure à toutes les autres, est celle qui a été proposée par Dziarron sous le nom de ruche jumelle, ainsi appelée parce qu'elle se compose de deux loges réunies dans la même enveloppe. C'est une boîte longue, ouverte à ses deux extrémités et divisée en deux par une cloison. Chaque division reçoit de petites planchettes mobiles glissant dans des rainures établies aux trois quarts de la hauteur des côtés longs. C'est à ces planchettes que les abeilles fixent leurs rayons. Plusieurs ruches jumelles peuvent être superposées, recevoir une toiture et former un rucher ayant la forme d'un colombier.

La forme des ruches varie donc d'après les régions : ce qui n'est pas discuté, c'est qu'une ruche doit, pour être excellente, garantir les abeilles contre leurs nombreux ennemis,

 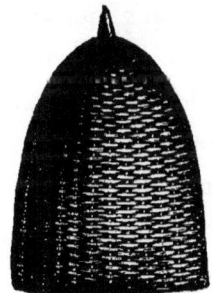

Types de ruches.

les protéger efficacement contre l'intempérie des saisons, permettre d'enlever les rayons sans faire sortir les mouches de la ruche, ou sans les tuer, donner un accès facile à l'œil du maître, sans qu'il y ait un danger pour lui et un dérangement pour les abeilles, obtenir de belles récoltes sans attaquer le couvain, donner enfin le moyen de se rendre compte exactement de la quantité de miel ou de couvain qui reste intact après la récolte.

La ruche où travaillent des milliers d'abeilles est réellement un magnifique spectacle. On ne trouverait pas plus d'ordre dans une grande cité industrielle.

Tandis que les unes vont aux champs, les autres veillent aux portes ou se livrent aux travaux du foyer, qui sont aussi nombreux et aussi délicats que ceux de nos ménagères.

Il y a des abeilles qui remplissent pendant des journées entières les tristes fonctions d'employés des pompes funèbres : elles ont pour lugubre mission de traîner hors de la ruche et de transporter au loin les cadavres de leurs sœurs qui succombent, ou les larves mortes avant d'arriver à l'état parfait.

A côté de ces abeilles si occupées, on s'étonne de voir des groupes nombreux qui restent immobiles : ce repos n'est qu'apparent, et la surprise cesse dès qu'on sait qu'une semblable attitude est nécessaire à l'abeille pour la sécrétion de la cire.

Tout marche à souhait : les gâteaux s'achèvent, les alvéoles s'emplissent, ici de couvain, et là de miel.

Bientôt l'espace manque, la population surabonde, et la besogne est insuffisante pour occuper tous les travailleurs de la communauté.

Dans de telles conditions, les Allemands émigrent ; chez les abeilles, on essaime.

Quand la ruche est trop petite pour l'abeille, il y a des signes précurseurs de l'exil qui s'approche. Pour si peu qu'on soit initié, on entend des couplets entiers du chant du départ.

Les abeilles, qui sortaient rarement quand ce n'était pas pour travailler, prennent leur essor après s'être suspendues quelque temps au tablier de la ruche. On dirait qu'elles se recueillent avant de partir pour l'exil.

Le matin, lorsque le soleil brille de tout son éclat, les plus jeunes s'envolent, et, se balançant dans les airs, forment ce que les apiculteurs appellent un soleil d'artifice.

C'est l'indice de la prochaine sortie de l'essaim. Quand les émigrantes sont en nombre, elles s'élancent, bruyant tourbillon, et s'arrêtent bientôt sur un arbre voisin, où elles restent soigneusement groupées, attendant l'arrivée d'éclaireurs chargés de choisir un nouveau domicile. J'ai dit le rôle actif que joue la reine pendant cet exode.

Quelquefois la colonne prend son essor au gré du vent : l'essaim parcourt alors des distances de plusieurs kilomètres, se reposant de place en place jusqu'à l'endroit qu'il veut habiter.

Pépinière vivante d'infatigables ouvrières, l'essaim est protégé par les lois. N'est-ce pas, en effet, une richesse qui s'échappe?

Le propriétaire de la ruche a le droit de le suivre partout et de le recueillir sur le domaine d'autrui.

Un essaim qu'on aperçoit dans l'air et qui n'est pas suivi appartient à celui qui l'a aperçu et qui le suit.

Les propriétaires ont un grand avantage à cultiver des colonies nombreuses. L'explication en est fort simple. Supposez, par exemple, au moment de la grande récolte de miel, onze colonies d'abeilles. Dix d'entre elles possèdent environ dix mille abeilles : la onzième en possède quarante mille à elle seule. Eh bien ! c'est cette dernière colonie qui récoltera presque autant de miel que toutes les autres ensemble.

Ce fait, connu de tous les apiculteurs, est fort naturel. En effet, dans une faible colonie, le nombre des ouvrières qui vont à la récolte est très petit, parce que la plupart d'entre elles sont retenues au logis, soit pour y entretenir la chaleur nécessaire à l'éclosion du couvain, soit pour les soins à donner aux petits. Dans une très forte colonie, au contraire, le nombre des ouvrières disponibles pour la récolte est proportionnellement plus considérable : de là cette différence notable dans les produits.

Que peut produire une ruche? Un homme que sa situation

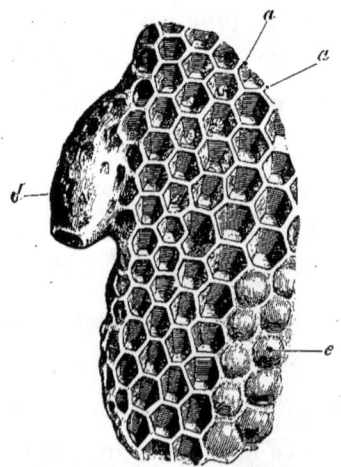

Cellules : *d*, cellule maternelle. — *a*, cellules contenant les larves.
e, cellule fermée.

paraissait devoir éloigner des questions d'apiculture, le général Carruel, a répondu catégoriquement à cette question.

Du 15 juin au 15 octobre, une ruche de quinze cents mouches doit produire quatre-vingt-dix livres de miel ou de cire.

Si au 15 juillet on fait une première récolte de vingt-cinq livres, et au 1er octobre une deuxième de vingt livres, il leur restera, en tenant compte de la nourriture courante, un approvisionnement suffisant pour l'hiver.

Or, ces quarante-cinq livres de rayons pleins donneront vingt livres de miel fin, qui se vend un franc ; douze livres de miel de seconde qualité, qui se vend soixante-quinze centimes, et deux livres de cire, dont le prix est de un franc cinquante centimes. Total : trente-cinq francs soixante-quinze. Ces prix ont subi quelques modifications, mais la proportion reste la même.

D'après ce calcul, un apiculteur qui aurait chez lui deux

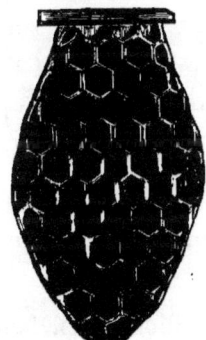

Rayon en construction.

cents ruches, nombre auquel les soins d'un homme peuvent suffire, pourrait donc se faire, avec son rucher, un revenu annuel de huit mille francs.

Après avoir parlé de la vente des produits, je tiens à rappeler ici qu'il existe sur la vente des ruches une étrange superstition.

Dans quelques campagnes, les paysans croiraient se nuire en achetant ou en vendant des abeilles. Cet insecte leur est presque sacré : ils n'oseraient en faire un objet de commerce, et quelque chose des cultes antiques retient leur cupidité devant cette mouche mystérieuse et chère aux dieux.

Ils sont persuadés que, s'ils se la procurent à prix d'argent, ils seront punis par son dépérissement même entre leurs mains vénales.

Pour cela, ils n'achètent point de ruches : ils se contentent de les échanger contre une mesure de froment. Enfin, ils n'osent pas trafiquer, et, par suite, s'occuper activement des abeilles.

Ce sont là de regrettables croyances : si elles font honneur à l'insecte qui en est l'objet, elles sont loin de tourner au profit de ceux qui les pratiquent, et l'abandon dont ils sont victimes leur fait payer bien cher cette puérile vénération.

En certains pays, on fait porter le deuil aux abeilles, et le lendemain du passage de la mort, ces pauvres mouches, qui n'en peuvent mais, voient des crêpes funèbres flotter sur leurs ruches.

Il y a là des superstitions qu'il faut combattre, car les abeilles n'ont sur nous qu'un avantage : c'est de vivre plus près du ciel, dont le sourire fait éclore les fleurs de la terre.

Mais revenons à des choses plus sérieuses, et donnons le programme des travaux annuels d'une abeille.

On a essayé, bien que ce ne fût pas facile, d'apprécier avec certitude la distance que parcourent les mouches à miel. Quand elles trouvent des fleurs abondantes à proximité de leur demeure, elles ne s'éloignent pas ; mais si les fleurs manquent ou sont assez rares aux environs, elles vont plus loin, jusqu'à ce qu'elles découvrent quelques produits mielleux, sans cependant aller jamais au delà de quatre ou cinq kilomètres.

Aux premiers jours de printemps, l'abeille est tout à la joie : elle ne sait où donner de la trompe.

L'érable, l'acacia, le sorbier des bois, le marronnier, l'aubépine, le seringa, le trèfle, le sainfoin, la renoncule et le colza obtiennent ses préférences.

L'odeur de la mélisse l'enivre, mais ne paralyse pas ses efforts ; elle la recherche avec ardeur, et il est bon d'avoir quelques pieds de cette plante vivace aux alentours du rucher.

A cette saison, les premiers arbres à fruits sont naturellement un pèlerinage tout indiqué.

L'été, l'abeille s'envole vers les tilleuls, dont les fleurs jaunes et odorantes donnent beaucoup de miel ; vers les pins et vers les chênes, qui donnent de la miellée vulgairement appelée manne ; elle descend enfin jusqu'aux asclépias, fleurs disposées en ombelles et qui sont de véritables sources de miel.

En automne, elle recherche le mouron, qui n'a pas été créé et mis au monde pour les seuls petits oiseaux; le sarrasin et la bruyère, dont les fleurs blanches ou roses sont d'une inépuisable richesse mellifère.

A la fin de l'hiver, l'abeille doit se contenter de braconner la fleur des arbres précoces que font éclore à demi les pâles rayons du soleil de février. On dirait que c'est pour elle que survit le vieux proverbe : « Bâtard est février, s'il n'a quelque fleur d'amandier. »

Mais il ne s'agit pas de laisser vivre l'abeille dans un milieu plus ou moins bien approprié par la nature à son existence utile entre toutes. Il faut l'aider à tirer parti de son admirable puissance de travail, et, pour atteindre ce but, il faut propager la culture des plantes favorables.

Ayons donc soin d'encadrer les plates-bandes de nos jardins de semis de fleurs odorantes : la bourrache, où l'abeille butine perpétuellement ; les violettes, la menthe, le souci, le thym, le serpolet, la lavande, le romarin, la mauve et les giroflées.

Il faut recommander aux fermiers des environs de semer le colza, le trèfle blanc et incarnat, la luzerne, et surtout le sainfoin, qui suinte un lait et un miel exquis.

Si l'on avait le feu sacré, on ferait plus encore : on imiterait l'exemple d'un médecin qui, devenu à soixante-seize ans apiculteur enthousiaste, semait du sainfoin le long de tous les sentiers incultes, et créait partout des parterres de fleurs pour ses abeilles bien-aimées.

Il n'y a peut-être pas d'industrie agricole qui puisse fournir un thème plus varié, c'est-à-dire de plus nombreuses ressources à l'imagination des producteurs. Un esprit ingénieux a rarement trouvé un champ plus vaste.

L'apiculteur Sourbé a donné quelques exemples de l'habitude qu'on a, dans certaines contrées, de faire de l'apiculture dite pastorale.

Elle consiste, lorsque les fleurs mellifères du printemps sont épuisées, à transporter les ruches à la bruyère, pour leur faire faire une seconde récolte de miel. Les apiculteurs, notamment ceux de Vienne, en Autriche, transportent leurs essaims dans les plaines de Wagram pour leur faire faire, vers la fin de juillet, une nouvelle récolte sur les fleurs de la bruyère. Ce miel, quoique de qualité inférieure, est d'un grand secours en apiculture. Il permet d'enlever aux ruches tout le miel de printemps, qui est le meilleur, tandis que le miel de bruyère, impropre aux usages de la table, est abandonné aux abeilles pour passer l'hiver.

Cet usage qui consiste à déplacer les ruches, lorsque les

fleurs voisines du rucher sont épuisées, est loin d'être nouveau. Pline l'a déjà remarqué et noté.

« Voici, au sujet de la nourriture des abeilles, dit-il, un fait singulier et digne d'observation. Sur les bords du Pô est un

La fleur docile s'incline aux mouvements de l'insecte.

bourg qu'on nomme Hostilia ; quand les habitants voient leurs plaines épuisées, ils mettent les ruches sur des bateaux, et, pendant les nuits, ils remontent le fleuve l'espace de cinq milles. Le matin, les abeilles sortent, se répandent dans les campagnes, et chaque soir elles reviennent. On continue le voyage jusqu'à ce que les bateaux, s'enfonçant sous la charge, fassent connaître que les ruches sont remplies. On ramène les abeilles, et l'on ôte le miel. En Espagne aussi les ruches voyagent, pour la même cause, à dos de mulet. »

Le poétique labeur des abeilles exige une puissance d'effort considérable. Pour donner une idée du travail gigantesque que fournit une pauvre petite abeille, il suffit d'enregistrer une observation présentée par M. Alexandre Wilson à la section de chimie de l'Académie britannique. Ce savant a calculé que cent vingt-cinq capitules de trèfle fournissent environ un gramme de sucre, ce qui correspond à un kilogramme pour cent vingt-cinq mille capitules. Comme chaque capitule se compose environ de soixante fleurs, ce sont les nectaires de sept millions cinq cent mille fleurs qui doivent être mises à contribution pour obtenir un kilogramme de sucre. Or, le miel contient à peu près soixante-quinze pour cent de sucre; un kilogramme de miel équivaut donc au produit de cinq millions six cent mille fleurs en chiffres ronds; et, par conséquent, c'est ce nombre prodigieux de fleurs que les abeilles d'une ruche doivent successivement visiter pour récolter un kilogramme de miel.

Le miel a d'autant plus de qualités que la température et le sol sont plus favorables, c'est-à-dire qu'il n'y a ni sécheresse ni humidité.

Si les couleurs en sont différentes, variant, selon les espèces de plantes, du blanc au brun foncé, les qualités ne le sont pas moins. En effet, on remarque que dans le midi de la France, aux Corbières, qui s'étendent des environs de Narbonne aux Pyrénées, où croissent avec abondance les plantes de la famille des Labiées, le miel est blanc et généralement parfumé.

Les miels du Gâtinais, de la Beauce, d'une partie de la Bourgogne et du Jura, butinés surtout sur le sainfoin, sont également recherchés pour leur finesse.

Ceux de la Bretagne, des landes de Bordeaux, de la Sologne et autres lieux, où croissent les genêts et les bruyères, et où on cultive le sarrasin, sont foncés en couleur et inférieurs en qualité.

On ne saurait imaginer à quel degré les apiculteurs intelligents savent se faire obéir des abeilles, à condition de respecter avec soin les instincts de ces insectes, si farouches d'ordinaire, quand on les aborde sans précaution. L'un d'eux, à une exposition régionale, s'amusa à intriguer les paysans de la localité, et même des personnes très instruites, en leur présentant un miel très blanc et de bel aspect, mais d'un mauvais goût qui paraissait inexplicable.

Ce miel provenait d'une récolte faite au moment précis où fleurissaient près des ruches de nombreuses camomilles. Avec ce procédé, c'est-à-dire en déplaçant les ruches et en faisant camper l'abeille dans des champs plantés d'espèces médicinales, on peut obtenir du miel... thérapeutique.

Je n'ai pas encore eu l'occasion de parler de la cire. C'est une substance grasse et ductile, fournie par les abeilles et constituant la partie solide des alvéoles. La cire pure est d'un jaune blanc. A une température élevée, elle fond. Brûlant avec une flamme blanche qui répand une vive lumière, elle a été admirablement utilisée pour l'éclairage.

De toutes les cires, celle qui produit le plus beau blanc est la cire du Levant, et particulièrement celle de Smyrne et de Trieste, remarquable par sa transparence. Viennent ensuite celles de Constantinople, de Corse, d'Odessa, des grandes landes de Bordeaux, de la Sologne, de la Basse-Normandie, de la Bretagne, de la Saintonge, du Gâtinais et de la Beauce.

On obtient le blanchiment de la cire jaune en la faisant fondre avec de la crème de tartre en poudre, et en l'exposant à la lumière, opération qui donne ce que l'on appelle de la cire vierge.

Le blanchiment de la cire est, en France, l'objet d'une industrie importante dont les centres principaux sont le Mans, Orléans, Tours et Paris.

Dans cette dernière ville on consomme chaque année au delà de deux cent trente mille kilogrammes de cire blanche, pour la fabrication des cierges et des bougies.

On se sert de la cire, en dehors de divers ouvrages commerciaux, pour le modelage. L'art de modeler en cire a été heureusement appliqué à la préparation des pièces anatomiques. On fabrique aussi des fleurs en cire d'un effet très pittoresque.

La cire jaune sert principalement au frottage des appartements et au moulage des métaux; unie à la potasse, elle forme l'encaustique dont les menuisiers et les ébénistes font un si fréquent emploi. Elle sert enfin aux travaux de jardinage, pour garantir les greffes du contact de l'air.

Si on étudie attentivement la flore apicole du centre de la France, après un examen comparatif des produits en miel et en cire, on arrive à classer les principales plantes mellifères dans l'ordre suivant.

La première classe comprend : l'acacia, miel très blanc, limpide et d'une grande finesse; la centaurée jacée, miel blanc verdâtre, parfum suave, excellent digestif; le sainfoin, miel blanc, très agréablement parfumé ; la navette d'hiver, miel blanc, d'une saveur douce et très appréciée.

Appartiennent à la deuxième classe : les colzas, miel blanc, ou blanc jaune, qui perd de son parfum en se cristallisant; la fausse moutarde, miel blanc jaune, saveur agréable; la luzerne, bon miel, légèrement verdâtre; le tilleul, miel blanc jaune un peu foncé, et parfum prononcé; le lotier, miel second, blanc et d'un excellent goût; les arbres fruitiers, miels variant suivant les espèces.

Nous trouvons dans la troisième classe : le trèfle incarnat, miel jaune un peu nébuleux; la jacobée, même qualité que le précédent; les fèves, miel blanc ou jaune, un peu trouble de couleur; le bluet, miel blanc, vert brunâtre, d'une saveur forte et prenant à la gorge.

La quatrième classe est fournie : par la bruyère, miel jaune brunâtre, d'une saveur toute particulière; le sarrasin, miel brun foncé, odeur forte; c'est le miel employé par les fabricants de pains d'épices.

Cinquième classe : la miellée des bois, couleur brun foncé, et dont la saveur est fade, rarement amère.

Il résulte de cette classification que le miel le plus fin est celui de l'acacia, et le moins prisé la miellée des bois.

Nous avons vu qu'il existait encore un grand nombre de plantes produisant du miel; mais la quantité particulière à chaque espèce n'est généralement pas assez grande pour être récoltée séparément, et pour qu'on puisse en déterminer la qualité.

Un apiculteur de nos pays, M. François Roux, m'a fourni les éléments d'un calendrier qui a le double avantage de suivre les mœurs et les travaux des abeilles, et de guider celui qui veut en bénéficier.

En janvier, les abeilles dorment : c'est le moment d'incliner le siège des ruches pour l'isolement des eaux, et d'enlever les neiges amassées à l'entour. Il faut construire et préparer de nouvelles ruches pour le printemps prochain.

En février, premier réveil des abeilles. Il faut approvisionner les ruches faibles, les aérer durant les beaux jours en enlevant le rideau de paille abaissé sur les côtés, et, si le temps le permet, relever soigneusement la toiture.

En mars, première ponte de la mère. Il y a de grands dangers de maladies pour les abeilles. L'humidité et la cire gelée sont autant de causes de dysenterie, qu'on prévient par l'enlèvement des gâteaux moisis. On peut relever la toiture pour laisser pénétrer les premiers rayons de soleil.

En avril, reprise des travaux. Les fleurs commencent à éclore. Les abeilles se font alors une guerre acharnée ; les pauvres attaquent les riches : c'est la lutte implacable pour la vie. La mère pond abondamment. C'est le moment de relever la toiture pour permettre aux abeilles d'apercevoir le ciel bleu.

En mai, les faux-bourdons apparaissent ; les essaims naturels se forment, et, pour les cueillir, il est bon de suspendre dans le voisinage des ruches un dôme frotté de miel. On doit aussi procéder à la formation des essaims artificiels.

En juin, on continue de former ces mêmes essaims, et on commence les récoltes de miel dans le dôme.

En juillet, les faux-bourdons naissent dans les ruches de première année. La chaleur force quelquefois les abeilles à sortir et à abandonner pendant des semaines entières leurs ruches fondantes. On prévient cet état de choses en abaissant la toiture, et en l'humectant au besoin de linges imprégnés d'eau fraîche. On fait alors d'abondantes récoltes de miel, et on enlève les faux-bourdons des alvéoles.

En août, la mère meurt : les abeilles sont découragées, et tous leurs ennemis en profitent.

En septembre, ralentissement des travaux, car la campagne s'appauvrit de fleurs. Il faut visiter les ruches et les nouveaux essaims, faire les récoltes de cire, et relever la toiture pour faire profiter les abeilles des derniers soleils.

En octobre, les abeilles ne sortent que timidement : elles rentrent aussitôt pour se préparer à la triste saison d'hiver.

En novembre, elles sont immobiles : il faut s'assurer de l'état des provisions des ruches, et en fournir à celles qui en seraient dépourvues. On garnit de paille l'intérieur et on dérobe soigneusement aux abeilles le soleil d'occasion qui pourrait les attirer au dehors et les entraîner dans la plaine couverte de neige. L'époque est favorable pour la vente et le transport des ruches.

En décembre, les abeilles sont engourdies, et il est bon de les défendre contre d'audacieuses attaques.

Pour ne laisser aucune excuse aux apiculteurs, on a édicté dix commandements, qui sont à leur place dans une monographie complète. Les voici, dans toute leur naïveté et toute leur sagesse.

> Tes abeilles tu soigneras
> Toujours avec entendement.
>
> La routine abandonneras,
> Pour agir méthodiquement.

Les essaims tu surveilleras,
Parce qu'ils s'en vont lestement.

Les faibles tu réuniras,
Pour les conserver sûrement.

Les plus peuplés tu nourriras
Quand ils manqueront d'aliment.

Leur logement tu construiras
Toujours économiquement.

Du froid tu les préserveras,
De la chaleur également.

Tes abeilles transvaseras
Pour récolter sans accident.

Jamais tu n'en étoufferas,
C'est trop agir cruellement.

Cire et miel tu recueilleras,
Pour les vendre intelligemment.

Je veux terminer en signalant à la vindicte publique les ennemis les plus dangereux des abeilles.

Comme tous les peuples riches, celui qui nous occupe est toujours menacé de quelque invasion.

Les souris et les mulots profitent lâchement de l'hiver pour envahir la ruche, dont les habitants engourdis deviennent une facile proie.

La faim avait conduit une musaraigne dans une ruche, où elle avait eu beaucoup de peine à pénétrer. Après s'être repue, elle voulut sortir, mais le passage était devenu trop étroit. Ses mouvements pour l'agrandir réveillèrent la vigilance des abeilles : elle fut percée de mille traits acérés, et elle paya cher une heure de gourmandise.

Parmi les oiseaux qui vivent d'insectes, les pies, les coucous, les guêpiers, et les hirondelles font une incroyable consommation d'abeilles.

En pleine saison d'abondante récolte, la mouche à miel rencontre deux terribles trouble-fête : l'araignée, qui lui tisse une toile perfide, bastille invisible qui ne rend jamais ses prisonniers, et le crapaud, patient philosophe, qui reste immobile pendant de longues heures, la gobe sans pitié, et se venge ainsi de la réprobation universelle dont il est l'objet.

C'est le cas de répéter ici que les plus belles choses ont le pire destin. S'appeler la blonde abeille, et n'avoir pour tombe que le ventre d'un batracien !

Cependant, de ces deux irréconciliables adversaires, l'araignée est le plus rusé et le plus froidement féroce.

Qui n'a vu, par exemple, sur les fleurs du sainfoin, de grosses araignées arrondies tenir par la tête, et sans qu'elles puissent faire un mouvement, comme un lion tiendrait une faible gazelle, de pauvres petites abeilles surprises au moment où elles allaient innocemment vendanger dans le calice d'une fleur, ou bien lorsqu'elles s'en retiraient, encore tout humides du nectar?

J'ai assisté plus d'une fois à cet infâme guet-apens. Les araignées montent sournoisement le long de la tige, et elles s'embusquent entre deux fleurs. C'est là qu'elles attendent, avec autant de patience que d'hypocrisie. Elles ne réussissent que trop, les misérables, à surprendre les abeilles infortunées, et elles en font chaque jour un immense carnage.

La grosse araignée des jardins ne leur est pas moins funeste, surtout aux mois d'août et de septembre, avec sa large toile étalée partout, dans les bois, dans les buissons, dans les charmilles et parmi les treilles.

Le peuple industrieux dont j'ai essayé d'écrire l'histoire ne cesse de causer des surprises à l'observateur. On s'en convaincra sans retard : c'est encore d'un de ses ennemis qu'il s'agit.

Dans un des plus riants vallons des Pyrénées, un riche propriétaire avait établi une colonie pour la culture des abeilles et l'exploitation du miel. Un jour du mois de mars, il s'aperçut que les ruches avaient été culbutées, que les mouches chassées de leur retraite erraient à l'aventure, et que presque tous les gâteaux de miel avaient été enlevés. A l'aspect de ces ravages, notre propriétaire pensa qu'un honnête larron du voisinage s'était introduit dans l'enclos. Il se mit donc en embuscade avec un fusil de gros sel, et il attendit pour assaisonner le coupable. Il y avait plusieurs heures qu'il était à son poste, et il s'impatientait de ne voir rien venir, lorsqu'il entendit enfin que l'on grimpait sur un sapin planté à l'extérieur, et dont les branches, dominant le clos par-dessus la muraille, offraient un moyen d'introduction extrêmement commode. Déjà le maraudeur, arrivé à la hauteur de ce mur, s'accrochait pour descendre, et déjà la sentinelle, appuyant le fusil à l'épaule, s'apprêtait à saluer par une double décharge le visiteur nocturne, quand tout à coup il s'arrêta, désarma doucement et se glissa à la sourdine hors de l'enclos, laissant le nouveau venu se régaler tout à son aise.

Le pillard était un ours de forte taille.

De plus fort en plus fort. Un savant anglais a observé un adversaire inconsciemment acharné à la destruction des pauvres abeilles. Il s'agit d'une plante qui les dévore, d'une

Le crapaud, patient philosophe.

plante apicide, si le mot est permis, qui les absorbe toutes vivantes.

Ce végétal insatiable s'appelle le tisonnier rouge vif. Ses brillantes fleurs contiennent du miel à la base de leurs corolles pendantes autour de la tige ; c'est ainsi qu'il attire les abeilles, qui y pénètrent aussi profondément qu'elles peuvent. Malheureusement, elles ne sortent plus de ce guet-apens parfumé. La fleur est exactement assez large pour permettre à l'abeille d'y introduire son corps et d'atteindre le miel ; mais, hélas ! lorsqu'elle y est parvenue, elle ne peut plus s'en aller : le limbe de la fleur s'est fermé sur elle, comme mû par un ressort, et le corps de l'abeille obstrue si étroitement la corolle, qu'il forme un vide entre lui et l'extrémité supérieure de la fleur, qui se resserre de plus en plus, proportionnellement aux efforts que la prisonnière tente vainement pour se dégager.

On a compté vingt-deux abeilles dans les fleurs d'une panicule de tisonnier rouge.

Jusque dans leur famille, les abeilles ont de barbares ennemis. En effet, les guêpes pillardes s'introduisent par bandes dans les ruches, se gorgent de miel, et, après avoir saccagé la récolte, poignardent l'ouvrière avec leur aiguillon.

Pour comble de désillusion, les libellules, gracieuses demoiselles qui semblent ne devoir vivre que de rosée, prennent au vol la mouche à miel, et la dévorent sans interrompre leur course rapide.

Je dois constater enfin, non pas sans rougir, que les abeilles sont encore décimées par le plus horrible des fléaux, la guerre civile.

Et cependant, je ne leur connais pas de journaux !

En songeant à tant de dangers, l'apiculteur ne saurait prendre assez de précautions. Qu'il se souvienne donc des vers où Pierre Dupont prend parti pour les abeilles persécutées :

> Préservez-les de toute embûche,
> D'oiseaux, frelons et papillons,
> Car c'est un trésor, une ruche
> Pleine de ses fauves rayons.
>
> Si le vin pur nous fortifie,
> Le miel contient un doux esprit
> Qui, bien portants, nous purifie,
> Et qui, malades, nous guérit.

J'ai fait ce que j'ai pu pour inspirer le goût de l'apiculture à tous ceux d'entre mes concitoyens qui ne savent que faire de leurs fleurs.

L'observation attentive de la précieuse existence des abeilles est, d'ailleurs, profitable à plus d'un titre.

Elles nous enseignent l'utilité des plus petits travaux et la fécondité qui sort de l'union, dans un même but, des plus petites forces.

Elles nous donnent l'exemple d'un travail commun, continu, courageux et persévérant, exécuté avec autant de zèle, de soin et d'activité dans l'intérêt général actuel et futur, que celui dont le travailleur isolé profite seul et actuellement.

Elles sont ainsi l'image de l'harmonie qui existerait dans la nature et dans la société, si l'homme ne la troublait pas par sa méchanceté, sa paresse ou son ignorance. Le travail par association n'est si puissant ni si fécond que parce qu'il a pour mobile l'accord des travailleurs dans l'esprit d'ordre et de justice.

LE MONDE DES OISEAUX

De tous les êtres qui s'agitent sur le globe, les oiseaux sont peut-être ceux qui ont le plus fixé l'attention des peuples.

Utiles sous bien des rapports, parés de couleurs brillantes et variées, doués, pour la plupart, de qualités agréables, et répandus sur tous les points de la terre, ils devaient nécessairement attirer les regards de l'observateur et exciter sa curiosité et son admiration.

Dans un de ses plus pittoresques tableaux de la nature, Louis Figuier a dit que les oiseaux étaient les enfants gâtés de l'univers, les favoris de la création.

Ils ont l'heureux privilège de se mouvoir dans l'espace, soit pour voltiger en cherchant l'insecte qui butine de fleur en fleur, soit pour planer au plus haut des airs et fondre sur la victime qu'ils convoitent, soit enfin pour franchir avec une prodigieuse rapidité des distances considérables.

Et les hommes se sont pris d'une profonde sympathie pour ces êtres ailés qui les charment par l'éclat de leurs formes, par la mélodie de leur voix et par l'impétuosité de leurs mouvements.

Aussi, leur histoire a passionné des légions de savants et d'amateurs. Les uns et les autres nous ont permis de connaître à fond la vie, le rôle et les mœurs de ce monde si curieux et si séduisant.

L'histoire des oiseaux, ou ornithologie, comprend l'étude de l'organisation de ces animaux, leur classification, la connaissance de leurs habitudes, celle de leurs fonctions, et surtout des avantages que nous pouvons obtenir de leur présence dans les diverses parties du globe, soit comme aliment, soit comme accessoire du vêtement, soit comme moyen employé par la nature pour limiter le nombre des animaux nuisibles et pour nettoyer le sol des cadavres ou des ordures qui l'encombreraient.

Je veux m'occuper aujourd'hui du vol, du chant et du nid des oiseaux. On trouvera peut-être quelque intérêt à la lecture de mes notes, suivies de renseignements particuliers qui méritent de ne pas passer inaperçus.

Avez-vous jamais examiné le vol d'un oiseau à longue envergure? Comment des battements d'ailes si lents peuvent-ils produire un sillage si rapide? L'étonnement augmente bien davantage quand on réfléchit que l'air offre un point d'appui mille fois moins résistant que celui de l'eau.

Certains oiseaux bien organisés pour le vol passent, pour ainsi dire, leur vie dans l'air. L'albatros, par exemple, vole en planant, sans donner le moindre coup d'aile. Les navigateurs qui ont observé ce fait avouent qu'ils ont trouvé là un profond mystère. Ce phénomène révèle, en effet, un grand secret de la nature, dont la découverte constituera un des plus grands progrès de l'humanité, car il est la clef qui ouvrira aux hommes les portes de l'atmosphère.

A priori, n'est-il pas évident que la connaissance certaine des moyens qui permettent aux oiseaux de voler en se reposant procureront les mêmes avantages aux hommes qui sauront les employer?

L'aile n'est pas seulement un propulseur bien organisé pour le vol dans l'air, c'est encore un propulseur parfait pour le

Albatros.

vol dans l'eau. En effet, les oiseaux plongeurs volent dans l'eau, et volent avec une grande rapidité.

Planavergne raconte qu'il a été témoin de ce fait, qu'il n'a vu consigné nulle part, pas même dans les plus importants traités d'histoire naturelle. « Une fois entre autres, dit-il, j'étais sur le point de saisir un bécassin de la petite espèce, qui, ayant été blessé, flottait à la surface de l'eau. Ma main était à quelques centimètres de l'oiseau, quand je le vis plonger, voler et disparaître rapidement dans les profondeurs d'une eau limpide. Seulement, comme l'eau offre un point d'appui résistant, il volait les ailes à demi ployées, comme l'hirondelle lorsqu'elle lutte contre un vent violent et contraire. »

Quelle merveilleuse puissance réside dans l'aile! En moins de trois minutes, on perd de vue un gros oiseau, un milan ou un aigle qui s'élève dans les airs, et dont le corps a quelquefois plus d'un mètre de longueur. Il faut conclure de là que ces

L'épouvantail. — La frégate.

oiseaux parcourent plus de mille quatre cent soixante mètres par minute, soit quatre-vingt-six lieues à l'heure.

Voici, par gradation descendante, la liste des oiseaux qui parviennent aux plus grandes hauteurs : le condor, la frégate, l'aigle, le vautour, le faucon, le milan, l'épervier, le martinet, l'hirondelle de mer, l'hirondelle, la grue, le héron, la cigogne, le canard, l'albatros, le vanneau, le pigeon, l'alouette, la bécassine et le corbeau. Viennent ensuite : l'étourneau, la pie, le coucou, le rollier, le perroquet, le pluvier, le merle, le flamant, la caille, la bécasse, l'ibis, le faisan, le râle, la pie, la chouette, la pie-grièche, la huppe, le dur-bec, la perdrix,

L'hirondelle de mer.

le bec-fin, le colibri, la mésange, le traquet et le martin-pêcheur.

Le martin-pêcheur se console d'arriver dernier à ce concours de vol en prenant son essor... au fond de l'eau, où, par hasard, il rencontre toujours quelque infortuné poisson.

La classification que je viens de donner n'est point fantaisiste : elle est due à Laurent Degreaux, qui a écrit un beau livre sur la puissance de l'aile.

L'étendue, l'élévation et la rapidité du vol font supposer chez les oiseaux une vue tout à fait extraordinaire, parce qu'ils ont besoin d'apercevoir les objets dans l'éloignement et d'un coup d'œil instantané.

D'après Spallanzani, le martinet peut distinguer un objet d'un centimètre de diamètre à la distance de plus de cent mètres. Buffon dit qu'un épervier voit d'en haut, et de vingt fois plus loin qu'un homme ou un chien ne pourraient l'apercevoir, une alouette sur une motte de terre. Un milan, qui s'élève à une hauteur si grande que nous le perdons de vue, voit de là les petits lézards, les mulots, les oiseaux, et choisit ceux sur lesquels il veut fondre.

C'est parce qu'il peut parcourir en très peu de temps un immense espace, que l'oiseau doit embrasser une étendue considérable.

Toussenel, dont les études ornithologiques font l'admiration des plus difficiles, a trouvé dans cette puissance d'embrassement de l'espace par la vue la clef du fameux problème de la fixité de direction des oiseaux dans leurs migrations périodiques.

Je veux reproduire, sans y changer un mot, le voyage de la cigogne. Il est impossible de ne pas être émerveillé par cette page, où la beauté du style le dispute, pour captiver le lecteur, à la sûreté de l'observation. Je ne m'étonne plus, après avoir subi le charme de l'éminent écrivain, que le grand poète Michelet ait recherché ses conseils lorsqu'il consacra à l'oiseau le magnifique livre que l'on connaît.

Toussenel attribue à la seule force de la vue la facilité avec laquelle les oiseaux migrateurs franchissent le monde, sans courir un instant le risque de s'égarer. Plus d'instinct mystérieux : un sens singulièrement développé, et voilà tout. Et maintenant, voici l'exposition de la théorie, avec des faits qui la rendent indiscutable.

Nid de cigognes à Strasbourg.

« Tous les routiers de l'air portent gravée dans leur cerveau en caractères ineffaçables une carte itinéraire qu'ils ont levée, dès le commencement des choses, à l'aide de points nombreux de repère espacés de cinquante en cinquante lieues au-dessus des régions à parcourir. Cette série de repères naturels guide aussi sûrement les oiseaux de passage à travers l'Océan des airs, que les poteaux de la grand'route nos soldats gagnant leur couchée.

« Cette série se composera, suivant les circonstances, de cimes de montagnes, de volcans, de cours d'eau, voire de clochers de cathédrales, dans les pays de plaines. Une cigogne native de Strasbourg, qui a passé la mauvaise saison dans les parages de l'équateur et qui veut regagner au printemps le foyer maternel, ne peut guère s'égarer en route. La première étape à franchir est le désert des sables : or, les limites du désert sont tracées par les sommets sourcilleux de l'Atlas, qui sépare la région des palmiers de celle du froment. Notre voyageuse pique droit vers ces derniers monts, et descend aux plages de la Méditerranée vers Alger, Tripoli, Tunis. La voilà hors d'Afrique.

« Maintenant, du sein de la mer bleue surgit un bloc pyramidal immense qui s'empanache de fumée pendant le jour et de flammes pendant la nuit : c'est l'Etna, dont la base s'appelle la Sicile. La Sicile, la plus grande des îles méridionales de l'Europe, est la plus importante des stations de la grande ligne du nord. De ce point, regardez vers l'est cette arête azurée qui sillonne l'horizon jusqu'à perte de vue : c'est la crête des monts Apennins, la vertèbre dorsale de la péninsule italique. Le chenal de la navigation aérienne est creusé entre cette arête orientale et celle qui domine vers l'ouest la cime du monte Rotondo. Des promontoires de la Sardaigne et de la Corse à la Corniche de Gênes, le chemin est tout droit et l'étape légère. Mais voici déjà que scintillent dans le lointain, par delà les rampes maritimes, les aiguilles diamantées des pics de la Savoie. Ces pics-là sont voisins des monts géants des Alpes, générateurs des glaciers d'où le Rhin s'échappe : le Rhin, c'est la patrie! La pèlerine est arrivée au terme de sa course; car cette flèche menaçante qui se dresse vers le ciel est le grand mât de la nef gothique qui commande la vallée du fleuve. Des palmiers de Bournou

L'étourneau.

aux pénates chéris de Strasbourg, le voyage n'a duré qu'une ou deux semaines, y compris les séjours aux stations principales. »

Avais-je raison de dire que, dans sa route aérienne, on ne perdait pas un instant de vue l'oiseau migrateur?

Heureusement pour nous, tous les hôtes de la France ne nous quittent pas en même temps, et le départ des uns coïncide avec l'arrivée des autres.

Les oiseaux qui nous quittent au commencement de l'automne, pour aller chercher dans le sud la chaleur et la nourriture nécessaire à leur subsistance sont : les hirondelles, les cailles, les grives, les étourneaux, les pigeons, les rossignols, et d'autres espèces moins importantes.

Ceux, au contraire, qui, vers la même époque, viennent chez nous prendre leurs quartiers d'hiver sont : les canards sauvages, les sarcelles, les grues, les cigognes, les corneilles, et, pendant quelques hivers très rigoureux, les flamants roses et les cygnes. L'oiseau qui s'en va le premier est le loriot : il nous quitte vers la fin d'août. Celui qui nous arrive des régions froides avant tous les autres est le coucou gris; viennent ensuite les poules d'eau, les bécassines, les grives et les mésanges à longue queue.

Les uns arrivent ou partent en bandes nombreuses, se suivant de très près; les autres apparaissent par petits groupes isolés, se succédant à plusieurs jours d'intervalle.

Le départ des alouettes dure de trente-cinq à quarante jours; celui des étourneaux, des becs-fins et des hirondelles, quatre ou cinq jours au plus.

L'eider voyage seul; la grive huppée, les rossignols, les tourterelles, deux par deux. La plupart de ces oiseaux volent le jour, et surtout à l'approche du crépuscule; d'autres préfèrent la nuit, comme les hérons, les râles et les bécasses.

Tous les chasseurs savent que les cailles aiment surtout à voyager au clair de lune.

L'ordre qui règne dans tous ces voyages n'est pas moins admirable que l'instinct qui les détermine. Les grues, par exemple, volent en triangle, la pointe dirigée contre le vent et formée d'un seul individu, le plus habile et le plus fort, auquel tous les autres obéissent. Quand il se sent épuisé, il passe en arrière et est immédiatement remplacé par celui qui est le plus apte à lui succéder.

Les flamants roses voyagent de la même manière, et rien n'est curieux comme le spectacle de ces beaux oiseaux décrivant des lignes de feu dans les airs.

Les corneilles, les cailles, les pigeons, volent en tourbillons changeant de forme à chaque instant, suivant les circonstances ou les besoins du voyage; les canards volent en

Les grues volent en triangle.

lignes obliques inclinées; les alouettes, en longue file unisériale; et les pluviers, en bandes rangées de front sur une même ligne horizontale.

Quelle que soit la façon dont les oiseaux nous quittent, nous pouvons leur dire au retour, avec le doux poète André Theuriet :

> Hôtes des bois et de la plaine,
> Vous qui chantez à perdre haleine
> Dans la futaie ou sur les eaux;
> Merles noirs et loriots jaunes,
> Pinsons, tarins, amis des aulnes,
> Linots, fauvettes des roseaux,
> Grives, légères alouettes,
> Et vous, rossignols, ô poètes,
>   Salut!

J'évite, autant que possible, dans mes petits tableaux d'histoire naturelle, de faire des traités classiques. Je vais au hasard, consignant des faits qui m'ont paru curieux, et me laissant surtout séduire par le côté pittoresque des questions que j'étudie.

On pourrait, cependant, me reprocher d'écrire un chapitre sur les oiseaux sans donner un système de classification. Les savants en ont formé plusieurs de toutes pièces, et, puisqu'il faut m'exécuter, pour ne pas paraître trop incomplet, je

L'ordre qui règne dans ces voyages est admirable.

choisis le système de classification qui a pour base le milieu, l'élément habituel.

C'est ainsi que les oiseaux se divisent eux-mêmes en cinq grandes séries :

1° Les oiseaux de haut vol, qui habitent la région des nues, et qui planent;

2° Les oiseaux des bois, dont l'existence est attachée aux arbres, et qui ne planent pas, mais perchent;

3° Les oiseaux des champs, qui courent, et ne planent ni ne perchent;

4° Les oiseaux de rivage ou de marais, qui barbotent, et ne perchent, ni ne planent, ni ne courent;

5° Les oiseaux qui nagent, et ne perchent, ni ne planent ni ne courent.

Cette classification, dont Toussenel s'est fait le champion, était trop simple pour réussir.

Je ne tenterai pas de résumer celles que les savants ont adoptées : elles sont trop compliquées pour trouver leur place dans un ouvrage de vulgarisation, et, en cas d'exigences inattendues, je renverrai le lecteur à trois classificateurs émérites : Cuvier, Vieillot et des Murs.

A de rares exceptions près, je m'occupe des oiseaux de France.

Notre pays est la patrie de trois cent dix espèces d'oiseaux.

Pour l'oiseau, la patrie est là où il arrive, où il niche, où il se reproduit. Des ornithologistes patriotes ont porté à quatre cents le chiffre des espèces indigènes. L'auteur de l'*Esprit des bêtes,* qui s'y connaissait, n'est pas de cet avis.

Il arrive souvent qu'une tempête, un coup de vent terrible, des intempéries extrêmes, jettent sur nos plages un oiseau égaré, perdu, dépaysé. C'est une bonne fortune pour le chasseur ou l'amateur; mais la faune nationale ne compte pas un citoyen de plus.

Parmi ces trois cent dix espèces, un petit nombre, trente à quarante, sont sédentaires. On appelle sédentaires les oiseaux qui vivent et meurent au lieu qui les vit naître.

Le moineau franc est le type accompli du sédentaire.

Ces notions générales données, je passerai à l'étude des nids, si intéressante pour les fervents amis de l'oiseau.

Un ornithologiste qui a examiné le monde des airs avec un

esprit d'observation peu commun, M. Lescuyer, s'est fait l'historien du nid des oiseaux. Je le prendrai pour guide, car nul n'a mieux compris un genre d'architecture qui compte des artistes de premier ordre, bien que l'École des beaux-arts n'y soit pour rien.

Le nid doit être installé de façon à résister aux attaques du

Loriot et son nid.

froid, de la pluie, du vent et des ennemis de l'espèce, toujours à l'affût de leur proie favorite.

« Les nids de buse et de corbeau, dit notre auteur, ont pour abri le feuillage des branches supérieures des arbres. La fauvette choisit une chambrée de verdure dans le fourré d'un buisson. L'alouette, la bergeronnette et la caille en cherchent de pareilles dans les touffes d'herbe. Ces résidences ont de petites avenues, une ou deux entrées. Les rossignols déposent leur nid auprès d'un petit brin de taillis, qui devient pour lui un tuteur. Une ou plusieurs tiges de ronce conviennent encore mieux au busard Saint-Martin et à la bécasse. Souvent, sur le revers d'un fossé, le rouge-gorge s'établit sous une touffe de grandes herbes qui, en retombant, forment une espèce de tapisserie, et qui servent de rideau au nid et de portière à son entrée. Le moineau et l'hirondelle s'abritent sous nos toits. Un long corridor mène à la chambre de l'hirondelle de rivage, qui se trouve ainsi protégée contre le froid et les éboulements. Le fort du pic n'a qu'une petite ouverture donnant dans le vide. »

Je veux parler de deux nids qui sont les deux extrêmes du genre, le nid de l'aigle et le nid du républicain. L'un a été décrit par Levaillant, et l'autre par Pouchet.

C'est sur la cime des plus grands arbres ou entre les rochers escarpés ou inaccessibles que les aigles établissent leur aire, qui est toujours plate, à l'instar d'un plancher. Elle est si solide qu'un homme peut s'y tenir debout, sans crainte de l'enfoncer : aussi leur sert-elle nombre d'années. Elle est composée d'abord de plusieurs perches plus ou moins longues, suivant la distance des enfourchures des branches sur lesquelles elles doivent porter. Ces dernières traverses sont enlacées en tout sens par des branches flexibles qui les lient fortement ensemble, et servent de fondement à cet édifice, qui est ensuite surmonté d'une grande quantité de menu bois, de mousse, de feuilles sèches, de bruyère, et même de roseaux, s'il s'en trouve dans les environs. Ce plancher est recouvert d'une couche de petits morceaux de bois sec; et c'est sur ce dernier lit, où il n'entre rien de douillet, que la femelle dépose ses œufs. Cette aire, ainsi construite, peut avoir quatre ou cinq pieds de diamètre et deux pieds d'épaisseur : sa forme est irrégulière.

Voilà le nid primitif. Dans un remarquable ouvrage de Pou-

Nid du moineau républicain.

chet, on trouve une description charmante du plus extraordinaire des nids, le nid du républicain.

« En fait de construction ingénieuse suscitée par l'amour de la famille et du travail, il n'en est pas, dit le savant naturaliste, qu'on puisse comparer à l'œuvre du républicain. Ce petit oiseau du Cap, gros comme un moineau, auquel il ressemble absolument, vit en sociétés nombreuses, dont tous les membres se réunissent pour former une immense cité ayant l'apparence d'un toit circulaire et entourant le tronc d'un grand arbre. On y compte parfois plus de trois cents cellules, ce qui indique qu'elle est habitée par plus de six cents oiseaux. Ce nid est

Nid de la mésange à longue queue.

tellement lourd, qu'un voyageur qui en recueillit un, durant ses excursions, fut obligé d'employer une voiture et plusieurs hommes pour le transporter. »

Après avoir lu cette description, il faut convenir que l'oiseau a été, en Afrique, le premier pionnier de la civilisation. En cherchant bien, on trouverait certainement que la création de nos cités ouvrières n'est pas aussi ancienne que celle des ingénieux républicains. Il y a là de quoi faire rougir l'Europe.

Mais revenons aux nids qu'il nous a été permis de contempler tout à notre aise. Les matériaux employés sont toujours proportionnés au nombre et à l'importance des dangers que leurs hôtes peuvent courir.

Pour composer leur nid de forme sphérique, le troglodyte

Merle et son nid.

et la mésange à longue queue se servent de mousse. Le premier, afin de donner de la consistance à son tissu, forme la trame avec des brindilles. Il connaît l'industrie compliquée du drapier à rendre jaloux un fabricant d'Elbeuf. La seconde a, de plus, la patience de relier les unes aux autres les fibres de la mousse, au moyen de fils de soie qu'elle tire de cocons d'araignée. N'est-ce pas de l'art décoratif, et une véritable concurrence aux canuts lyonnais?

Les merles, les pies-grièches, les rousserolles, recherchent comme matière principale les brins d'herbe. Pour en faire un tout solide, ils emploient : les premiers, de la terre et de la

Fauvette des roseaux et son nid.

mousse; les secondes, de la mousse et du coton d'arbres; les troisièmes, du coton des plantes aquatiques.

Le loriot, qui a besoin de longs filaments d'herbe ou d'écorces d'arbre, prend, pour les unir, la mousse, les feuilles, les plumes, et même des copeaux et du papier.

Le rossignol plaque les unes sur les autres les feuilles dont il compose les parois et le fond de son nid.

Les fauvettes et les bergeronnettes s'aident de crins pour matelasser leur couchette. Pour obtenir le même résultat, le gros-bec recourt à des racines très flexibles.

Les gros oiseaux n'ont pas tant d'attentions délicates pour leurs nids. Ce qu'ils perdent en grâce, ils le rattrapent en solidité : l'aire de l'aigle, telle qu'elle a été décrite, l'a suffisamment démontré.

M. Lescuyer a voulu donner l'idée la plus exacte des vastes constructions des gros oiseaux de nos pays. Il a désagrégé les matériaux d'un nid de buse, et voici ce qu'il a trouvé : quarante-deux baguettes en chêne desséché, ayant une longueur de vingt à soixante centimètres, et une épaisseur de un à trois centimètres ; cinquante-six baguettes moins fortes, en chêne vert ; cent quatre-vingt-dix baguettes plus petites ; douze baguettes de chanvre et de tremble ; trente-cinq bouts de branches vertes de hêtre ; quatre-vingt-deux bouts de branches vertes de bouleau ; une plaque de terre ayant en diamètre vingt centimètres, et à la plus forte épaisseur cinq centimètres. La garniture intérieure de ce nid se composait de cent vingt brindilles de bouleau et d'une quantité considérable d'écorce, de radicelles, de lichen, de feuilles et de fleurs de hêtre.

Les oiseaux sont plus ou moins expéditifs dans la construction de leurs nids. Une hirondelle de rivage met quinze jours ; une hirondelle de fenêtre, douze jours ; une pic, onze jours ; un moineau, dix jours ; une grive, neuf jours ; un héron et un busard Saint-Martin, huit jours ; une linotte, sept jours ; une mésange bleue, six jours ; une pie-grièche, quatre jours ; un chardonneret, trois jours.

Quand on a enlevé le nid de l'oiseau, le pauvre dépouillé

ne se lamente pas, et pourtant il n'y a pas de compagnies d'assurances dans les bois. Il recommence son œuvre, et souvent, hélas ! plusieurs fois.

On nous a conservé quelques traits de dévouement qui démontrent que les oiseaux savent lutter pour leurs foyers,

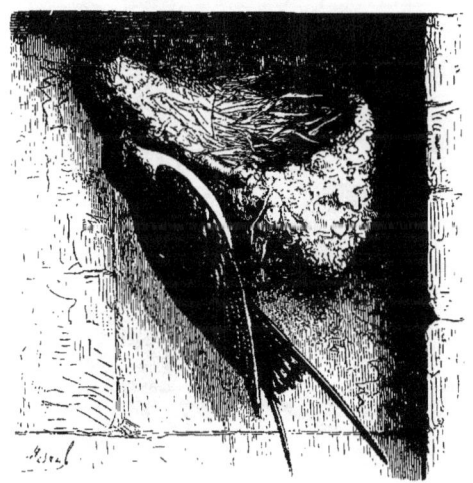

Nid de l'hirondelle.

aussi courageusement que les anciens Romains ou les modernes carlistes.

Si, en traversant la plaine, vous faites sortir une perdrix de son nid, en partant, elle volera maladroitement, et se reposera à quelques pas pour attirer votre attention et la détourner de son domicile. Ainsi agit la bécasse, dans les mêmes circonstances. Cette dernière emporte même dans son bec un de ses petits qu'un danger menace.

Quand une mère couve très fort, elle ne peut souvent se décider à abandonner ses œufs ; elle se laisse ou couper sur son nid par la faux du moissonneur, ou prendre à la main par le dénicheur impitoyable.

On a vu enfin des hirondelles plonger dans les flammes pour porter secours à leurs petits, et tomber victimes de leur dévouement.

Avant de consacrer quelques observations au chant des oiseaux, je suis obligé de reconnaître qu'ils ont un langage

Rossignol.

particulier, et qu'ils se comprennent à demi-mot, surtout dans les circonstances les plus critiques de leur existence.

Quand ils sont menacés, il suffit que l'un d'eux fasse entendre un cri spécial, pour que tous les individus de la même espèce, ainsi avertis, se tiennent cachés jusqu'à ce que les craintes soient dissipées et que le danger ait complètement disparu.

La présence d'un oiseau de proie signalée par le sifflement plaintif d'un merle, fait tenir dans une immobilité complète tous les volatiles des lieux d'alentour. Il a suffi d'une ou de deux syllabes pour transmettre le mot d'ordre sauveur.

Mais ne cherchons pas à nous initier à cette langue, qu'il ne nous est pas permis de traduire, et contentons-nous d'étudier le chant des oiseaux, une des plus douces choses qui puisse bercer un poète.

M. Lesbazeilles a noté, pour ainsi dire, le chant des oiseaux, et il a fait une véritable critique de leurs qualités lyriques.

D'après lui, la chanson du merle est gaie, pleine d'entrain et d'élan. Souvent, une de ses phrases entonnée posément se

Rouge-gorge.

termine par une dissonance drolatique, ce qui indiquerait qu'il y a de l'ironie jusque sur les branches.

Des connaisseurs ont distingué dans le chant du pinson trois parties : un prélude, un roulement et un finale.

André Theuriet a écrit une aubade à cet artiste, et elle est si charmante que j'aurais bien tort de ne pas la reproduire :

> Son ramage qui se marie
> Aux voix des merles familiers
> Annonce à tous les écoliers
>   Pâque fleurie.
>
> Dans les taillis sans feuille encor,
> Les cornouillers et la saulée
> En fleurs mettent une envolée
>   De poudre d'or.

> Salut, pinson, jeune allégresse
> De la forêt verte !... Salut,
> Avril de la vie au début,
> Prime jeunesse !

Le chant du rouge-gorge n'est qu'une simple chanson, ou même une chansonnette.

Chardonneret.

> Tireli ! le jour renaît.
> Tout dort : râles de genêt
> Et cailles dans le champ d'orge ;
> Mais ta matinale voix
> Déjà réveille le bois,
> Rouge-gorge !

Celui qui inspira ce sixain a le timbre perçant et pur d'une petite flûte.

Le roitelet est le fifre de l'orchestre des oiseaux. Toussenel le considère comme un des plus magnifiques gosiers de la tribu des insectivores. « Il n'a, dit-il, qu'un petit nombre de rivaux à redouter parmi les plus illustres maîtres. »

Le rouge-queue débute avec talent, mais il ne termine pas sa mélodie. On l'attend vainement : c'est le raté de l'improvisation, le fruit sec de l'harmonie.

La fauvette chante une ariette délicieuse, qu'on ne se lasse pas d'entendre. On croirait écouter, s'égrenant dans la coulisse, les variations des *Noces de Jeannette*.

Le rossignol est incomparable, et les mots manquent pour exprimer toutes les nuances de son chant merveilleux. Il suffit de l'avoir entendu, par un beau soir, pour évoquer tout le reste de sa vie les magnificences de sa chanson.

Dans la modeste cantilène de la linotte, il y a des roulades que ne désavouerait pas un chardonneret.

Mésange à tête noire.

Celui-ci prélude par quelques notes un peu grinçantes, puis, après un intervalle, arrive une brillante fusée de vocalises qui se termine par une roulade. Dès qu'il entre en scène, on tremble pour son début; mais à peine est-il remis de son premier trouble, qu'il nous révèle sa parfaite éducation musicale.

L'hirondelle de cheminée gazouille, et prononcer ce mot, c'est presque imiter son chant: on dirait le murmure d'un ruisselet parmi les mousses, sur un lit tremblant de cailloux polis.

L'alouette, nous apprend l'ingénieux critique musical que

nous avons cité, chante sans s'arrêter une seconde, et sans reprendre haleine une seule fois.

Vous l'écoutez avec surprise : elle doit être lasse ; elle va sans doute s'interrompre ! Il n'en est rien, elle continue. Aux trilles succèdent les roulades ; aux roulades, des sifflements ; puis reviennent les roulades et les trilles : les phrases s'enchaînent aux phrases, ou plutôt c'est une seule et même phrase, indéfinie !

L'oiseau est au plus haut de son vol, à huit cents, à mille

Verdier.

mètres peut-être, et sa voix nous parvient encore, claire, pure, retentissante. Un quart d'heure se passe ainsi, une demi-heure, une heure : l'alouette chante toujours, et toujours vous l'écoutez avec ravissement.

Je trouve dans un ouvrage de Müller sur les oiseaux chanteurs, ouvrage qui fit les délices de l'Allemagne, poétique à ses heures, d'excellentes appréciations sur les artistes que je viens de nommer. J'en détacherai quelques-unes, qui concernent la petite grive, le loriot et la pie-grièche.

Les accents sonores et vibrants de la petite grive produisent une impression toute particulière dans les régions montagneuses. Ce chant, éveillant joyeusement les échos des forêts, annonce à la fois deux bonnes nouvelles, le prochain retour du printemps et le passage des bécasses. Aussi, ce sont surtout les chasseurs qui accueillent avec enthousiasme cette *prima dona* : ils trouvent même quelque analogie entre les allures variées de son chant et les différents bruits de la forêt. Les notes graves de contralto que ce petit oiseau fait résonner avec tant de puissance leur rappelle l'obscurité mystérieuse des futaies ; ses alternatives de gazouillement

Pinson.

mezzovoce et de fusées chromatiques enlevées sans effet jusqu'aux notes de soprano les plus aiguës font penser à ces contrastes si rapides d'obscurité et de lumière, si attrayants en forêt, aux rayons de soleil que la voûte mobile des bois, s'entr'ouvrant sous l'effort de la brise, fait parfois jaillir dans l'ombre comme des éclairs.

A propos de loriot, Buffon a confondu les accents éclatants et sympathiques du mâle avec la voix criarde et enrouée de la femelle, qui ressemble, si l'on en croit le naturaliste Hœfer, à celle d'un chat qu'on étrangle. Il est certain que la nature n'offre guère de contraste plus complet que les timbres mâle et femelle d'une même espèce.

Chez les loriots, on dirait un brillant virtuose aux prises avec une ménagère acariâtre, Paganini interrompu par une femme de la halle. Ménage d'artistes, ajouterait M. Alphonse Daudet, qui a écrit des pages probantes sur les femmes des peintres et des poètes.

Le premier nom de l'écorcheur, ou pie-grièche, n'est pas très

Pie-grièche.

engageant, quand il s'agit de musique. C'est à lui, cependant, que le savant Müller attribue une érudition de premier ordre. D'après notre auteur, Saint-Saëns n'aurait plus qu'à se tenir tranquille. « J'ai entendu des pie-grièches, nous raconte-t-il avec le plus grand sérieux, dont le répertoire se composait de vingt-cinq et même de vingt-huit pièces différentes, reproductions de chants complets, de strophes détachées ou de simples cris d'appel. »

Comme spécimen des capacités musicales de l'écorcheur, Müller indique tout au long le répertoire d'un de ces oiseaux qu'il a longtemps tenu en cage. Tour à tour, il faisait entendre les sons harmoniques d'appel et la cadence du rossignol, une strophe mélodieuse du merle, le chant de l'alouette s'élevant dans les airs avec le *crescendo* de l'ascension et le *smorzando*

Écorcheur.

de la descente, puis les cris de la caille, du coucou et du busard, le chant d'appel des mésanges et des roitelets, et diverses stances de la fauvette à tête noire. Un virtuose aussi complet valait à lui seul une troupe d'opéra : en tout cas, il pouvait remplacer une volière.

M. Lescuyer, l'auteur de l'*Architecture des nids*, a voulu étudier aussi le chant des oiseaux. Il l'a fait avec une subtilité d'esprit qu'on ne saurait trop admirer.

Il a considéré deux choses principales dans le langage et dans le chant des oiseaux, à savoir : le son et le sentiment qu'il exprime, en rapport avec les instincts du chanteur.

D'après lui, les sons ont de l'analogie avec les langues humaines, surtout par leur articulation, et avec les instruments

Fauvette à tête noire.

de musique, par leurs effets de timbre. On doit donc, pour les apprécier, les comparer aux bruits, à la voix humaine et aux instruments de musique.

Les principaux types de chanteurs sont : pour les causeries et les cris, le moineau, le martinet et l'hirondelle rustique; pour les cantates, le bruant jaune, le pinson et le chardonneret; pour les mélodies, le rossignol, la grive chanteuse, la fauvette à tête noire, le troglodyte, le rouge-gorge, le merle, le loriot, les rousserolles, l'alouette des champs ; pour les imitations, l'étourneau.

Je ne citerais pas cette classification, aussi curieuse qu'étrange, si elle n'était due à un homme qui fait autorité dans le monde... des oiseaux.

Si les oiseaux n'avaient eu qu'un extérieur agréable, si leurs mœurs n'avaient été que douces, gaies et aimables, ils n'auraient peut-être mérité de notre part qu'une admiration

Troglodyte.

passagère ; mais aux agréments de leur physique, comme à leur gentillesse, se joignait une utilité réelle qui devait nous les rendre toujours précieux.

Tous les agriculteurs sérieux sont d'accord pour reconnaître la nécessité de protéger les oiseaux. Cependant, dans nos campagnes, on est souvent sans pitié pour ces petits êtres, qui, loin de nuire aux cultures, les garantissent de l'invasion des insectes nuisibles.

Frédéric II, roi de Prusse, qui joignait à d'autres qualités un goût très prononcé pour les choses du palais, aimait beaucoup les cerises, et surtout les belles cerises. Ce prince veillait avec une tendresse royale sur celles de son jardin de Potsdam, qui étaient magnifiques. S'étant aperçu que les moineaux mangeaient les cerises, et, avec elles, les autres fruits et même les légumes de son jardin privilégié, le roi condamna à la proscription et à la mort, comme oiseaux nuisibles, tous les moineaux de son royaume. Frédéric réunit ses familiers, et la sentence fut votée avec enthousiasme. Une prime de trois centimes fut accordée par tête de proscrit. Dix mille thalers prussiens, d'une valeur de trois francs soixante-quinze pièce, furent employés la première année à cette œuvre d'extermination, cent thalers la deuxième année, dix thalers la troisième. La diminution considérable dans les primes prouve avec quelle énergie on avait poursuivi les moineaux. Durant l'espace de trois ans, un million deux cent treize mille sept cent cinquante moineaux avaient été immolés dans l'étendue du royaume de Prusse. Cependant, la quatrième année après l'édit de proscription des moineaux, c'est-à-dire pendant celle qui suivit leur destruction complète, des myriades d'insectes de toute espèce se répandirent dans le pays. Les fleurs des arbres fruitiers, leurs feuilles mêmes, furent tellement dévorées que le roi philosophe eut peur : il leva l'édit et donna une prime de six centimes par couple de moineaux introduits en Prusse.

Certes, le moineau, regardé si nuisible parce qu'il nous prend quelques grains de blé, rend largement à l'agriculture la valeur de ce larcin, en détruisant pendant tout le reste de l'année une foule d'insectes qui nous feraient un tort bien autrement considérable.

Voici, d'ailleurs, quelques chiffres à l'appui de cette anecdote. Un couple de moineaux, ayant des petits à nourrir, détruit trois mille trois cent soixante chenilles par semaine, quarante par heure environ, sans compter les papillons et les vers. Les rouges-gorges et les rossignols font la guerre à une innombrable quantité de vermisseaux et de moucherons. Jusqu'aux bergeronnettes qui, restant au milieu d'un troupeau, vivent des insectes que les pas pesants des vaches et des bœufs font sortir de leurs retraites. Quelquefois elles s'attachent au dos des moutons et les débarrassent des parasites qui les tourmentent. Elles n'abandonnent leur poste mouvant que lorsque la visite générale est terminée.

Un consciencieux observateur, M. Baxton, raconte qu'en Pensylvanie les paysans protègent les roitelets avec la plus grande sollicitude. Ils les excitent à s'établir près de leurs habitations, en fixant une boîte en bois à une perche, où ces oiseaux ne manquent pas de venir s'abriter.

On a compté le nombre des voyages exécutés par deux roitelets ainsi installés chez leurs hôtes. Chacun d'eux exécutait en moyenne cinquante voyages par heure : le minimum était de quarante, le maximum de soixante. Dans l'espace d'une heure, l'un et l'autre étaient revenus soixante et onze fois avec un insecte à leur bec. D'après ces observations, chaque oiseau aurait détruit environ quatre mille insectes par semaine.

Les mésanges, les fauvettes, les rossignols, les pics et presque tous les autres oiseaux sont les protecteurs prédestinés de nos cultures. Ne regardons pas à leur sacrifier quelques cerises ou quelques framboises, d'autant plus que cet excellent dessert leur sert tout à la fois de potage, d'entremets et de rôti.

M. Ernest Mesnault a fort bien établi que le nombre des

insectes augmente dans une région à mesure que décroît le nombre des oiseaux. Il y a longtemps que le monde aurait péri sous l'action destructive des insectes acharnés contre la nature, s'il n'y avait pas, pour les combattre et les exterminer, l'oiseau

Épurateur de l'air, édile de la terre.

Dans un autre ordre d'idées, un des besoins les plus pressants des sociétés humaines c'est de se soustraire aux émanations que répandent, en se décomposant, les corps morts des hommes et des animaux, et d'éloigner de la vue le spectacle de ces êtres sans vie, prêts à vicier l'air de leur infecte odeur. Eh bien! ce besoin ne paraît pas moins impérieux pour la nature que pour l'espèce humaine. Cuvier se plaît à reconnaître que rien n'est plus merveilleux que les moyens qu'elle a mis en usage pour le satisfaire, que la variété de secours qu'elle a su tirer de ses œuvres pour atteindre ce but.

Un animal n'a pas plus tôt cessé de vivre, qu'à l'instant arrivent de toutes parts des milliers d'autres animaux pour le dévorer, des insectes de tout ordre, des oiseaux de tout genre, et enfin des mammifères de toutes les espèces. Mais, de tous ces animaux, c'est sur les vautours que la nature semble avoir le plus compté, surtout dans les pays chauds.

Oui, le vautour est un des plus puissants agents de désinfection : il rend cent fois plus de services que de gentils oiseaux dont les poètes ont toujours le nom sur les lèvres; aussi furent-ils déifiés par les Égyptiens, pleins de gratitude pour l'œuvre d'assainissement pour laquelle ils ont été créés.

Quel que soit le pays qui leur donne l'hospitalité, les oiseaux se distinguent par d'innombrables services.

Les cigognes, les ibis, les courlis, détruisent dans les contrées humides un grand nombre de reptiles, de mollusques et de vers; les serpentaires ou messagers, au cap de Bonne-

Le vautour.

Espérance, les carianas au Brésil, attaquent les serpents venimeux et en font périr des milliers; le kamichi est employé, par les fermiers du Brésil, à la garde des basses-cours; l'agami ou oiseau-trompette conduit au pâturage des troupeaux d'oies ou de dindons; les calaos, au bec monstrueux, sont utilisés dans l'île de Ceylan pour la chasse à la souris, qu'ils attaquent avec l'habileté de nos chats; le coucou indicateur dirige le chasseur, dans les forêts de l'Afrique australe, vers les nids d'abeilles sauvages, tout remplis d'un miel savoureux ; le pique-bœufs, en Afrique, se pose sur les bestiaux et les débarrasse de la vermine qui les ronge ; le cormoran est employé à la pêche par plusieurs nations, qui savent profiter de sa vora-

L'ibis.

cité et de son adresse ; le faucon, le gerfaut, l'émerillon, l'autour, l'épervier, étaient aussi jadis dressés pour la chasse.

Pour compléter enfin cette liste de serviteurs intelligents, dévoués et infatigables, il faudrait feuilleter une histoire naturelle et faire plusieurs signets à chaque page.

En dehors du charme de leur aspect ou de leur chant, nous

Ruines de la Cour des comptes.

avons donc mille fois raison d'aimer les oiseaux. Je n'ai pas à me plaindre, moi qui ai passé ma vie à la campagne, au milieu d'eux.

Je me suis cru privilégié, et un jour il m'arriva de plaindre sérieusement un Parisien de n'avoir pas à sa portée des compagnons aussi joyeux que ceux qui voltigent de branche en branche sur mes arbres bien-aimés.

Or, à propos des oiseaux de Paris, voici la réponse que me fit ce boulevardier.

Un beau matin, me répondit-il, M. Camille Flammarion, le poète des étoiles, m'apprit qu'il y avait une forêt vierge dans Paris. En apprenant cette étrange nouvelle, je ne pus me défendre de songer au mot fameux de Talleyrand : « Tout arrive. »

A dix pas de la Seine, en effet, dans les ruines de la Cour des comptes, l'ingénieux écrivain avait trouvé la flore la plus intéressante et la plus variée ; et c'est ainsi qu'en plein cœur de Paris, mille plantes follement enlacées se disputaient leur place au soleil et vivaient fières et libres, comme aux pays lointains où Gustave Aymard, le soi-disant explorateur de l'Arkhansas, croyait avoir mis les pieds.

Je songeais à cette forêt vierge, située à une portée de fusil de la Caisse des dépôts et consignations, le jour où je rencontrai un brave compatriote qui dépensait des loisirs laborieusement acquis à compter les espèces d'oiseaux qui vivent dans l'enceinte de nos fortifications.

Ça valait mieux que d'aller au café, et c'était beaucoup plus intéressant que je ne l'aurais cru.

Qui se serait imaginé qu'on pût faire un livre avec le catalogue détaillé des oiseaux sédentaires ou de passage qui vivent et qui séjournent à Paris?

En fait d'oiseaux, j'avais toujours pensé que nous n'avions parmi nous que quelques douzaines de merles, quelques pelotons de corbeaux, une centaine de colombes et des légions de moineaux. Comme j'étais loin de compte! Jugez-en.

C'est par troupes nombreuses que les faucons pèlerins habitent les tours de l'église de Notre-Dame, sans avoir à redouter le zèle éternellement endormi de Quasimodo, et toujours prêts à fondre sur les bandes d'oiseaux qui passent dans le voisinage.

Quand les eaux sont basses, on peut voir, du pont Solferino au pont des Arts, des martins-pêcheurs raser la Seine, s'arrêter sur quelque bateau en détresse, et de là s'élancer avec la rapidité d'une flèche sur de pauvres goujons qui se croyaient en sûreté dans les parages contemplatifs de l'Institut.

Les vieux arbres moussus du parc Monceaux sont fréquentés assidûment par des grimpereaux, et les platanes qui surplombent la fontaine de Médicis, au jardin du Luxembourg, portent sans faiblir des vingtaines de corbeaux freux, qui souillent les feuilles vertes de leurs taches noirâtres, comme des crêpes jetés sur des espérances.

Les corbeaux freux vivent aussi à l'Élysée, et je me suis plus d'une fois surpris à envier la splendeur du paysage au milieu duquel ils s'ébattent en croassant.

Les corbeaux choucas sont très nombreux à Notre-Dame, où ils nichent dans les tourillons. On dirait les chanoines du clocher, si la prébende ne manquait à ce bruyant chapitre.

Vers le commencement de mai, les pies-grièches envahissent le Père-Lachaise. Elles s'accommodent très bien des arbustes « dont l'ombre sera légère à la terre où nous dormirons ». Les pies-grièches semblent vouloir consoler les innombrables morts qui n'ont pas eu un *Pie Jesu* chanté par quelque artiste en renom.

Le grimpereau.

Au quai d'Orsay, à l'ancienne Cour des comptes, dans les ruines où grandit peut-être encore la forêt vierge de Camille Flammarion, on a souvent rencontré des étourneaux.

Dans les jardins de l'hôtel de Cluny, il y a des gros-becs, espèces qu'on ne rencontre pas ailleurs.

Le cimetière Montparnasse est rempli de verdiers, et leur chanson printanière s'envole de ses bocages funèbres.

Au Jardin des Plantes abondent les chardonnerets.

L'orangerie du Luxembourg donne l'hospitalité à de nombreux ménages de serins, échappés sans doute à la vigilance de leurs propriétaires.

On trouve des linottes à la Glacière et au parc de Montsouris.

On a souvent rencontré des bruants dans les arbres du parc

Bec-croisé et gros-bec.

de Monceaux; mais ils ne s'y arrêtent pas. On croirait qu'ils y viennent à jour fixe, comme les élèves des pensions d'alentour.

Dans le quartier de Grenelle-Vaugirard, en deçà des fortifications, on voit s'ébattre des bergeronnettes grises.

Un couple de hochequeues a été vu aux Buttes-Chaumont. Il n'y est plus revenu. Est-ce qu'un gardien l'en aurait proscrit? Oh! l'exil est impie...

Au square du musée de Cluny, il y a des rouges-gorges.

Dans tous nos jardins publics, on voit des merles qui semblent avoir renoncé aux mœurs sauvages de leur race si naturellement farouches.

Des tarins ordinaires s'aventurent au parc de Montsouris.

On a trouvé dans les terrains cultivés de la Glacière des cailles et des bécassines.

Derrière la rue du Moulin-Vert, on a vu des bandes d'alouettes venues du plateau de Villejuif.

Les fauvettes, qui adorent le voisinage de l'homme, viennent faire leur nid dans tous les jardins de Paris. Partout où il y a un peu de verdure, partout où l'on peut donner une sérénade à un rêveur ou à une promeneuse, elles accourent, répandant par fusées la divine ariette qui semble composer tout leur répertoire.

A la Glacière, on a observé des rousserolles; au Père-Lachaise, des troglodytes mignons.

Un couple de roitelets huppés passa au Jardin des Plantes tout l'été de 1867. Était-il venu pour l'Exposition?

Pendant que l'hirondelle et le martinet sillonnent le ciel, sur tous nos grands arbres, et particulièrement aux Tuileries et au parc Monceaux, des colombes vivent en regardant, parmi les branches entr'ouvertes, le radieux soleil qui leur sourit dans l'azur.

Ai-je besoin d'ajouter qu'il y a à Paris autant de moineaux que de miettes de pain? Il y en a partout, dans les jardins, dans les cours, dans les rues et jusque dans les églises.

Voilà, sans y rien changer, le chapitre d'ornithologie parisienne qui me fut raconté.

Il existe un ouvrage très savant de M. Vincelot sur les noms qui ont été donnés aux oiseaux, noms basés pour la plupart sur leurs mœurs, leur chant ou leurs habitudes. Je renvoie à cet érudit les amateurs d'étymologies curieuses.

Dans le langage vulgaire, et même dans beaucoup de livres scientifiques, on a employé le mot oiseau avec quelque épithète pour désigner certaines espèces.

C'est ainsi que l'on a appelé oiseau d'Afrique la pintade;

La pintade.

oiseau bleu, le martin-pêcheur; oiseau de bœuf, le héron crabier; oiseau de cadavre, la chevêche; oiseau des Canaries, le serin; oiseau chameau, l'autruche; oiseau de cimetière, le grimperon des murailles; oiseau de la croix, le bouvreuil; oiseau dunette, la grive; oiseau des glaces, l'ortolan des neiges; oiseau goitreux, le pélican blanc; oiseau de guerre, la frégate; oiseau de mai, la calandre; oiseau de Médée, le paon; oiseau de la mort, l'effraie; oiseau-mouche, le colibri; oiseau Saint-Martin, le busard, etc.

En terminant cette étude, où j'ai réuni tous les documents qui me semblaient avoir quelque attrait pour mes lecteurs, je veux parler brièvement de quelques légendes attribuées aux oiseaux. Il y aurait à faire un travail bien curieux avec tous les récits merveilleux qu'ils ont inspirés. Que d'auteurs y collaboreraient, et quelle riche moisson on ferait en glanant dans leurs livres !

Je veux, sans aucun remords, profiter de leurs recherches et recueillir de leur bouche les histoires plus ou moins incroyables dont le monde que j'étudie me fournira les héros.

Du reste, je citerai mes sources.

Pline prétend qu'une espèce d'aigle, l'haliæte, tient beaucoup à ce que ses nourrissons regardent fièrement le soleil. Voici ce qu'il nous dit à ce sujet : « L'haliæte, frappant ses petits encore dépourvus de plumes, les force de temps en temps à regarder le soleil en face : s'il en voit un cligner ou larmoyer, il le précipite en bas de son nid comme un rejeton dégénéré : il élève, en le choyant, celui dont l'œil ne craint pas de fixer l'astre éclatant. »

Dans un conte breton, rapporté par Luzel, des éperviers font avec leurs griffes le déblaiement d'une montagne, et ils la font disparaître pour rendre service à un chevalier.

D'après une légende armoricaine, tous les oiseaux se sont un jour dépouillés d'une plume pour habiller le roitelet qui avait perdu les siennes ; seul, le hibou se refusa à prendre part à cet acte de charité. Depuis, le hibou ne peut sortir le jour sans que les autres oiseaux le pourchassent et le persécutent sans trêve.

La chouette est redoutée dans les villages, où l'on dit qu'elle porte malheur. Son chant est un présage de mort, et l'on assure l'avoir vue frapper de ses ailes les fenêtres d'une maison où il y avait un agonisant.

Honoré Sclafer nous a ingénieusement conté la faute originelle du pivert. Savez-vous pourquoi cet infortuné n'a que deux notes pour tout répertoire musical, son monotone et fatigant *plui-plui?* Lorsque le bon Dieu fut à même de creuser la mer, les fleuves et les fontaines, il chargea de ce travail les oiseaux du ciel, qui se mirent tous à l'œuvre, excepté le pivert, qui ne bougea pas de sa retraite. Aussi, la besogne achevée, le bon Dieu eut-il soin de déclarer que le pivert, pour s'être refusé à creuser la terre avec son bec, creuserait le bois à perpétuité; et que, n'étant pour rien dans le creusement de tous les réservoirs terrestres, il ne boirait d'autre eau que celle de la pluie, happée en l'air, comme il pourrait. De là vient que ce malheureux oiseau ne peut cesser d'invoquer les nuées par son cri significatif *plui-plui,* et qu'il se tient habituellement dans une posture verticale, afin que son bec, ouvert en entonnoir, puisse recueillir les gouttelettes tombées des nuages.

Heureusement que Michelet a écrit quelques lignes qui sont une éloquente réhabilitation du pivert. Il est, d'après l'illustre auteur de l'*Oiseau,* l'idéal des travailleurs. « Sa corporation modeste, répandue dans les deux mondes, sert l'homme, l'enseigne et l'édifie. L'habit varie : le signe commun de reconnaissance est le chaperon écarlate dont ce bon ouvrier couvre généralement sa tête, son crâne épais et solide. L'instrument de son état, qui sert de pioche et d'alène, de ciseau et de doloire, c'est son bec carrément taillé. Ses jambes nerveuses, armées de forts ongles noirs d'une prise ferme et solide, l'assurent parfaitement sur sa branche, où il reste des jours entiers dans une attitude incommode, frappant toujours de bas en haut. Sauf le matin, où il s'agite, remue ses membres en tous sens, comme font les meilleurs travailleurs qui s'apprêtent quelques moments pour ne plus se déranger, il pioche toute

Le faisan.

une longue journée avec une application régulière. On l'entend, tard encore, qui prolonge le travail dans la nuit et gagne ainsi quelques heures. »

Ces deux versions contradictoires devaient être produites. Certes, Michelet fut l'ami des bêtes, mais pas assez pour les flatter.

M. Auguste Pépion a recueilli dans le pays messin et dans les montagnes des Vosges la légende du martin-pêcheur.

Noé, après avoir lâché la colombe, prit l'oiseau bleu, le martin-pêcheur, et lui dit : « Toi qui connais les eaux, tu auras moins peur ; pars aussi, va voir si la terre reparaît. » L'oiseau bleu partit, bien avant le jour. A ce moment un si grand vent s'éleva sur les eaux que, pour ne pas être précipité et submergé dans les flots, il prit son essor vers le ciel. Il vola avec une rapidité extraordinaire, ne s'étant pas servi de ses ailes depuis fort longtemps. Aussi arriva-t-il bientôt dans le bleu du firmament, où il n'hésita pas à s'enfoncer. De gris qu'il était auparavant, son plumage se colora de bleu céleste. Arrivé à une grande hauteur, il vit le soleil qui se levait bien loin au-dessous de lui. Une invincible curiosité le poussa à aller considérer cet astre de près : il dirigea donc son vol de ce côté ; plus il approchait du soleil, et plus, naturellement, la chaleur devenait vive : bientôt même les plumes de son ventre commencèrent à rougir et à prendre feu. Alors il abandonna son entreprise et revint précipitamment s'éteindre dans les eaux qui recouvraient la terre. Après s'être plongé à plusieurs reprises dans les ondes rafraîchissantes, il se souvint de sa mission ; mais il eut beau regarder de tout côté, l'arche avait disparu. En effet, pendant l'absence de l'oiseau bleu, la colombe était revenue avec une branche de chêne, d'autres disent d'olivier, puis l'arche avait touché terre, et Noé, sorti de cette demeure flottante, l'avait démolie pour en faire une maison et des étables. L'oiseau bleu, ne voyant plus rien sur les eaux, se mit à pousser des cris aigus et à appeler Noé. Aujourd'hui encore, on le voit cherchant, le long des rives, l'arche ou quelques-uns de ses débris. Il a conservé jusqu'à nos jours sur la partie supérieure de son corps le plumage bleu de ciel qu'il a acquis dans le firmament, et son ventre est encore tout roussi, par suite de l'imprudence qu'il a eue de s'approcher du soleil.

Angelo de Gubernatis dit que la pie connaît une plante qui coupe le fer, et qu'on peut recueillir en couvrant son nid d'un grillage en fil de fer : elle le coupe et laisse tomber au pied de l'arbre la plante qui lui sert à cet effet.

Salerne prétend que l'alouette est la girouette vivante des paysans de la Sologne, et qu'en effet elle chante volontiers le bec tourné du côté du vent.

Lucas de Montigny affirme que les pâtres du Languedoc croient que s'ils tuaient une bergeronnette, le plus beau mouton du troupeau mourrait.

Des habitants des campagnes qui environnent Toulouse m'ont raconté que le rossignol chantait la nuit pour se tenir éveillé ; il paraît qu'il a peur d'être enlacé pendant son sommeil par les vrilles de la vigne vierge.

Une légende très répandue rapporte que les oiseaux voulurent un jour se choisir un roi. La couronne devait être décernée à celui qui s'élèverait le plus haut dans les airs. L'aigle croyait avoir gagné le prix, et, fatigué, il s'apprêtait à redescendre, quand le roitelet, qui s'était caché sous une de ses ailes, s'élança de sa retraite et s'éleva bien au-dessus de lui. Il fut proclamé le roi, ou plutôt le petit roi des oiseaux.

C'est à Florentin Richomme que je dois la légende du martinet. Le premier cultivateur de chanvre, ne pouvant venir à bout de préserver sa récolte des ravages des oiseaux, était obligé de garder son champ, même pendant la messe. Il implora saint Martin : à partir de ce jour, tous les oiseaux furent enfermés pendant les offices dans une grange, au moyen d'une simple herse. Seul, l'oiseau consacré à saint Martin, le martinet, eut la permission de sortir, mais il ne faisait aucun dommage. C'est depuis cette époque qu'on laisse sur pied, à son intention, le plus bel épi de chènevis.

Les ramiers sont, de la part des musulmans, un objet de vénération presque générale : on les épargne en mémoire de la colombe que Mahomet chérissait et qui était dressée par lui à venir, quand il le voulait, prendre un grain de riz dans son oreille.

Payan dit que les habitants des Hautes-Alpes ont observé que le produit du seigle est en raison directe du nombre de fois que la caille répète son chant : de sorte que chaque setier de semence confié à la terre doit rendre quatre setiers de récolte si elle le répète quatre fois, et six setiers si elle le fait entendre six fois.

A propos du pélican, les Arabes se transmettent la légende suivante. A l'époque de la construction de la Kaaba, à la Mecque, comme il fallait aller chercher l'eau très loin, on manqua bientôt de porteurs, et les maçons se plaignirent d'être réduits à l'inaction. Alors Allah, qui ne voulait pas que la construction sacrée fût retardée, envoya des milliers de pélicans, qui remplirent leur gosier d'eau et l'apportèrent aux ouvriers.

C'est de la Suisse que nous vient la légende des cigognes, qui nous a été transmise par M. Xavier Marmier.

A chaque printemps, des cigognes venaient nicher dans un village de l'Argovie. Les bonnes gens se plaisaient à les voir, et les enfants les contemplaient avec un sentiment d'admiration.

On leur disait que la cigogne détruisait les méchantes bêtes des champs; et quand ils voyaient préparer près d'eux un nouveau berceau, on leur apprenait tout bas que la cigogne allait leur apporter un petit frère ou une petite sœur. Un jour, pourtant, un paysan brutal, pour faire parade de son adresse, lança une

Le pélican.

pierre à l'un de ces innocents animaux et le tua. L'année suivante, les cigognes ne revinrent pas à leur nid, ni la seconde, ni la troisième, ni la quatrième année. On les voyait, à l'époque habituelle de leur retour, passer au-dessus du village. Elles semblaient le regarder un instant avec tristesse. Mais dans l'hiver de la cinquième année, le paysan qui avait tué une de leurs compagnes étant mort, les cigognes reparurent quelques mois après et reprirent possession de leur gîte.

Je pourrais citer encore des légendes, car l'imagination est une enfant prodigue; je pourrais donner sur le monde privilégié dont j'ai écrit l'histoire des détails charmants et pittoresques, car tous les écrivains qui l'ont étudié de près en sont revenus émerveillés.

Il faut me borner. Mais avant de passer à un autre sujet, je voudrais répondre à une question qui embarrasse beaucoup de gens.

Que deviennent les oiseaux? Ils sont innombrables, et ce n'est que rarement, bien rarement, qu'on découvre un petit cadavre, désespérément raidi sur les herbes attristées.

L'oiseau a reçu beaucoup de dons, plus brillants les uns que les autres. Mais, hélas! comme s'il devait expier cette part de bonheur, il ne meurt presque jamais de mort naturelle.

Le chasseur le décime; et quand il a été épargné, c'est parmi les espèces plus puissantes qu'il trouve d'impitoyables ennemis. Lorsqu'il ne devient pas la proie des faucons, des éperviers, des milans, il échappe difficilement aux renards ou aux chats sauvages, à tous les carnassiers embusqués derrière une branche d'arbre ou traîtreusement tapis dans un buisson.

Et la plupart des plus gentils oiseaux, presque tous les membres de l'harmonieuse légion de passereaux, peuvent s'écrier tristement :

« Nous ne mourons pas, on nous tue! »

La vallée de l'Isère.

LA SOURCE ET LE RUISSEAU

L'étude des sources est une des plus dignes de tenter le poète et le savant, et, malgré tous les progrès accomplis dans le domaine des sciences physiques et naturelles, le sujet qui m'occupe aujourd'hui ne me semble pas avoir été traité avec toute la clarté nécessaire.

La question est une de celles que la nature couvre de ses voiles les plus mystérieux. L'indiscrétion de l'homme en a bien soulevé quelques-uns; mais, après avoir lu tout ce qui a été écrit par les plus consciencieux chercheurs, j'estime qu'il reste encore beaucoup à apprendre.

On a consacré aux sources des livres plus étranges que concluants. De nos jours, cependant, on a écrit des pages nourries d'observations judicieuses et de détails originaux sur les fontaines, les nappes d'eau, les sources des cavernes, les sources intermittentes et jaillissantes, et les sources provoquées.

Dans un de ces ouvrages où s'imposait la limpidité du style,

Mme Stanislas Meunier nous a conté la légende des sources chez les anciens.

« Dès la plus haute antiquité, dit-elle en débutant, les hommes ont attribué aux sources une origine divine. Les Grecs en faisaient des nymphes : c'étaient leurs naïades, et la plupart avaient une touchante histoire. Combien de jeunes filles métamorphosées en fontaines, depuis Aréthuse, que les dieux crurent mettre ainsi à l'abri des poursuites du grand chasseur Alphée ! Mais Alphée, qui pourtant ne connaissait pas la chanson de Magali, se métamorphosa en fleuve pour rejoindre Aréthuse. Pégase, le noble coursier d'Apollon, fit jaillir l'Hippocrène de l'Hélicon, en frappant du pied la roche sur laquelle il se trouvait. C'est aux naïades infortunées qu'Argos, la ville du roi des rois, doit ses eaux abondantes. Les naïades sont toujours des divinités bienfaisantes ; volontiers elles accueillent l'homme et le guérissent de ses maux. Telles sont les bonnes nymphes ioniades et hamadryades, dont les eaux sont souveraines contre les maladies de la peau. Telle est la fontaine Abyssos, dans le sein de laquelle on trouve un remède sûr contre la rage. »

En étudiant une mythologie autrement ancienne que celle des Grecs, celle de l'Inde, nous trouvons des fables plus bizarres et plus grandioses, mais tout aussi caractéristiques, de la vénération de l'homme pour les eaux. La plupart des fleuves y sont sacrés ; leur source est un lieu de pèlerinage : y aller rachète bien des crimes.

Dans une étude fort intéressante sur les sources, M. Waldeck, garde général des forêts, nous apprend tout ce que les anciens savaient, ou plutôt ne savaient pas, sur ce sujet. Tous

Les sources : *L'Eau qui vit*, tableau de Hanoteau.

les grands esprits de toutes les époques se demandèrent d'où venaient les sources, et où se trouve le réservoir mystérieux qui alimente ces filets limpides s'échappant du sein de la terre.

Du temps de Platon, on croyait à une sorte de vaste circulation des eaux se rendant d'un réservoir à un autre par des conduits dont les sources sont les orifices apparents.

Aristote nie que les sources soient simplement les déversoirs de bassins cachés sous la terre : il en donne comme preuve ce fait, d'ailleurs exagéré, que si toute l'eau que les fleuves et les rivières débitent en un an était réunie en un même lieu, le volume en serait plus considérable que celui du globe terrestre tout entier. Il admet l'existence de cavernes souterraines renfermant les lacs qu'alimentent des pluies et les infiltrations des fleuves et des rivières. Il avait presque entrevu, il y a deux mille ans, la circulation des eaux telle que nous la comprenons aujourd'hui.

Pline est le premier qui indique l'action des vents sur la surface de la mer comme la cause de l'élévation des eaux aux sommets des montagnes.

Saint Thomas d'Aquin s'est occupé de l'origine des sources, et il en donne une explication telle qu'on peut l'attendre d'un philosophe scolastique du moyen âge. Il constate que tous les êtres ont une tendance naturelle à s'élever vers ceux qui sont d'une essence supérieure, et c'est grâce à cette tendance que les eaux, pour se rapprocher des astres, s'élèvent aux sommets des monts, d'où elles découlent sous forme de sources. Cette théorie est assez originale pour être citée.

Jérôme Cardan, médecin, charlatan, astrologue et mathématicien, enfin une des figures les plus curieuses du seizième siècle, admet que les eaux de sources proviennent à la fois de la mer et des pluies.

Descartes — et on ne s'explique pas qu'une telle erreur ait pu être commise par un si puissant esprit — croyait que les eaux de la mer étaient distillées souterrainement par l'action du feu central, et que les sources n'étaient que les orifices d'immenses alambics que des conduits souterrains feraient communiquer avec l'Océan.

Buffon admettait que toutes les fontaines proviennent des eaux fluviales filtrées.

Je dirai tout à l'heure, en faisant l'histoire du ruisseau de ma commune, comment se forment les sources d'après les savants modernes, dont la méthode repose sur l'observation la plus patiente, servie par des connaissances théoriques et pratiques qui sont autant de vérités conquises.

Avant d'aborder la question, je veux parler d'un art que les anciens ignoraient certainement, l'art de découvrir les sources.

Les sources rendent d'inappréciables services : aussi, dans les pays déshérités, on a mis tout en œuvre pour s'en procurer. On me fera observer que les sources existent ou n'existent pas. Erreur : il y en a presque toujours. C'est ce qui ressort des nombreux ouvrages qui ont pour titre : *l'Art de découvrir les sources,* et où l'on rencontre, à côté de propositions souvent puériles, des renseignements parfois très précieux.

Parmi les auteurs de ces livres, il faut mettre au premier rang l'abbé Paramelle, qui entreprit de fournir au public une théorie raisonnée sur l'art de découvrir les sources.

« Cette tâche, dit l'ingénieux chercheur, aurait dû être remplie par quelque géologue profond qui aurait traité cette

Le Nil à sa sortie du lac Victoria.

matière en maître, et non être laissée à un pauvre succursaliste de campagne, qui n'avait pas assez de livres pour étudier les terrains à fond, ni assez de temps pour les explorer au loin, ni à sa portée des hommes assez instruits pour l'aider de leurs conseils. Malgré tous ces motifs de découragement, et le ridicule universel qui m'attendait en cas d'insuccès, profondément ému des maux sans nombre que la disette d'eau causait tous les ans dans mon département, je me mis à l'œuvre. »

Pendant vingt-cinq ans, l'abbé Paramelle expérimenta sa théorie dans plus de trente mille localités, et cet admirable observateur en était arrivé à désigner de loin certaines sources et à déterminer leur volume. Les paysans, à qui il rendit d'immenses services, eurent beaucoup de peine à ne pas le considérer comme un sorcier.

L'application de ce système a été faite partout avec un très grand succès, depuis les falaises de la Normandie jusqu'aux Ballons des Vosges, depuis les landes du Bordelais jusqu'aux plus hautes habitations des Pyrénées, depuis l'embouchure du Rhône jusqu'aux villages des régions les plus élevées des Alpes françaises.

En dehors de la méthode de l'abbé Paramelle, méthode qui exigeait des connaissances très étendues et une longue expérience, voici quelques indications qui ont souvent permis de découvrir des sources.

Si, pendant l'hiver, lorsque la terre est couverte par la neige, vous remarquez des places où la neige ne peut pas tenir, où le gazon même perce sous la neige; si, par un temps sec et serein, vous observez au même lieu une espèce de vapeur, placez un pieu à cet endroit, enfin d'opérer plus tard des recherches, car il est probable que vous y trouverez de l'eau.

Au moment du printemps, remarquez les endroits où la neige fond le plus vite, où la verdure apparaît précoce et plus foncée que partout ailleurs : vous pourrez croire à la présence d'une source, surtout si les oiseaux d'hiver viennent s'y grouper.

La rosée aux environs des lieux qui en sont ordinairement privés et la présence du givre à la fin de la saison servent également d'indice.

Pendant l'été, lorsque toutes les plantes se fanent et jaunissent, cherchez si quelque endroit plus favorisé ne présente pas un aspect plus riant ou une végétation plus vive ; s'il en est ainsi, ayez bon espoir d'y trouver de l'eau.

Si, dans les champs, les blés poussent beaucoup en herbe, et si cette herbe coupée repousse promptement, on peut encore espérer trouver de l'eau à cette place.

La présence de certaines plantes, de certains arbres qui aiment l'humidité, et qui se développent avec force dans un sol qui ne paraît pas leur convenir, indique une source souterraine. L'aulne, le saule, les osiers, les joncs, les roseaux, le lierre terrestre, le trèfle d'eau, peuvent vous servir d'indice.

Les recherches faites par un temps de chaleur sont les plus utiles, car elles permettent de trouver les sources qui sont les moins disposées à tarir pendant la sécheresse.

La méthode sans prétention que je viens d'exposer, et dont l'observation est la seule base, s'exercera utilement dans les localités dont on ne connaît pas toutes les ressources. Il en est une autre, merveilleuse au premier abord, et bien naturelle dès qu'on l'examine attentivement.

Un inventeur français, M. Rouby, a imaginé un moyen de créer partout des sources à volonté. Voici comment l'*Année scientifique* décrit cet ingénieux procédé.

On choisit un terrain dont l'étendue, cent vingt mètres par exemple, soit en rapport avec la quantité d'eau à recueillir annuellement. On creuse ce terrain peu profondément, en donnant à l'excavation la forme d'un vallon très évasé et présentant une pente générale vers un point déterminé. Sur toute la surface creusée, on étend une couche d'argile choisie, et l'on comble à mesure avec des cailloux et du sable. On a réalisé ainsi la superposition d'un terrain perméable à un terrain imperméable en pente, c'est-à-dire la disposition constitutive d'un appareil de source. Il est clair que cet appareil fonctionnera comme celui des sources naturelles, qu'il absorbera et rendra l'eau tombée à sa surface.

Pour doter cette eau des qualités qui lui font défaut, l'inventeur a imaginé les dispositions suivantes. Au bas de l'appareil collecteur absorbant, on installe, dans une fouille d'une certaine profondeur, une fontaine en maçonnerie, divisée en deux compartiments inégaux, le plus petit surmontant le plus grand. Le premier, qui est le laboratoire, parce qu'il reçoit les substances solubles destinées à clarifier l'eau, communique avec le second par d'étroits orifices que traverse le liquide, mais où ne sauraient s'introduire ni les lombrics de terre ni les autres vermines, grâce à une couche de mâchefer qui recouvre ces orifices. Du fond du réservoir part une conduite qui va déboucher en pente par un robinet, où l'on recueille l'eau.

La pluie s'insinue dans le sable qui forme la substance absorbante ; arrêtée par la couche d'argile, elle s'écoule dans le laboratoire, où elle rencontre la substance déposée, du carbonate de chaux, par exemple ; après avoir traversé ce sol, elle s'égoutte dans le réservoir, où on la recueille à volonté. Cette eau sera parfaitement limpide, par suite de sa longue filtration, et constamment fraîche, en raison de son magasinage souterrain.

L'expérience a démontré que deux centimètres cubes d'eau tombée à la surface du sable mettront deux mois à se rendre dans le réservoir. Si les pluies cessent, par exemple, le 31 mai, et que les mois de juin et de juillet soient absolument secs, la dernière eau tombée du mois de mai n'arrivera dans le réservoir que le 31 juillet.

On a calculé que, pour une superficie de cent vingt mètres, l'appareil donne, sous le ciel de Paris, soixante mille litres d'eau ; et la provision peut durer cent vingt jours, sans qu'il soit nécessaire de l'alimenter de nouveau.

Une fontaine de ce genre, installée au Jardin d'acclimatation, contient, dans son réservoir, du carbonate de fer et du carbonate de chaux ; l'eau est donc bicarbonatée ferrugineuse. Pendant plusieurs étés, au moment des plus fortes chaleurs, elle n'a cessé de couler en abondance, et les habitués du Jardin en ont fait largement usage. L'administration de la guerre a adopté cet ingénieux appareil, et les forts doivent en être bientôt pourvus.

Maintenant que j'ai parlé des sources avec l'aide de quelques savants dont l'autorité me couvre, je veux conter l'exploration du ruisseau qui coule à quelques portées de fusil de ma maisonnette.

Chemin creux en Normandie, tableau de Troyon.

Ce ruisseau s'appelle la Valserine, et un poète de mes amis lui a consacré un sonnet qui vaut mieux qu'un long poème. Du reste, vous pouvez en juger :

> Sous l'ombrelle verte des chênes
> Où, sur un très ancien motet,
> Le vent arpège ses antiennes,
> Je sais un petit ruisselet.
>
> Il fredonne ses cantilènes
> Si doucement que l'on dirait
> D'un ramier roucoulant ses peines
> Dans les lointains de la forêt.
>
> C'est le ruisselet des fauvettes,
> Des rossignols et des pinsons;
> C'est là qu'ils disent leurs chansons,
>
> Et c'est là qu'ils baignent leurs têtes,
> Éclaboussant de gouttelettes
> Les églantines des buissons.

Tous les hommes sont égaux devant le rêve. Au risque d'être supplanté par un Améric quelconque, j'ai rêvé quelquefois de découvrir un nouveau monde.

Puisqu'il ne reste plus de continents à baptiser, j'aurais aimé à suivre dans leurs expéditions aventureuses les de Brazza et les Stanley, et à donner mon nom à quelque région africaine dont, le premier, j'aurais foulé le sol et salué les habitants.

J'en serais revenu aussi fier que bronzé : mon étoile ne l'a pas voulu.

Du haut de cette ambition troublante, je retombais dans ma

chaire de *magister*, condamné à ne côtoyer que les bords escarpés du Participe.

Me trouvant dans l'impossibilité de remonter aux sources du Nil, j'ai découvert, pour me consoler, la source de la Valserine, le plus important cours d'eau de la commune de Septème.

Ce ruisseau, dont je veux être l'historien, tout en suivant son cours et en m'arrêtant sur ses rives pour en étudier les particularités, n'a pas toujours un mètre de largeur, et il faut croire qu'il en est fort humilié, puisqu'il murmure pendant près de dix lieues avant de confondre ses eaux limpides avec les eaux jaunâtres de l'Isère.

Il serait aussi difficile de transformer en frégate une coquille de noix de Tullins, que de lancer un trois-mâts sur la Valserine : je ne m'en occuperai donc pas au point de vue maritime.

Si les fleuves sont des chemins qui marchent, d'après la belle définition de Pascal, les ruisseaux ne sont, dans nos pays, que des sentiers qui bondissent, et tout ce qu'on a le droit d'attendre d'eux, c'est qu'ils fertilisent les champs qu'ils bordent et les prés qu'ils traversent, jusqu'au moment où les riverains industrieux les canalisent pour les forcer à servir nuit et jour d'humbles moulins et de magnifiques usines. Pour moi, la Valserine a été l'objet de la plus attachante étude.

J'ai dit que je profiterais de l'occasion pour exposer la théorie des sources, d'après les dernières investigations de la science contemporaine. En remontant à son origine, je ne quitterai donc pas mon ruisseau.

Le ruisseau est fils de la pluie. Une partie de l'eau qui tombe se vaporise spontanément ; une autre est absorbée par

Sources de la Loire.

les végétaux et par les animaux ; le reste est absorbé par la terre.

Une fois dans le sol, l'eau forme des nappes souterraines, capables de produire les eaux ascendantes et de constituer les sources.

Avant de s'accumuler dans un lieu quelconque, l'eau a eu plusieurs noms et plusieurs états.

Pluie, serein, brouillards, rosée, givre, neige ou grêle, elle a subi des transformations dont il n'est pas inutile de dire un mot.

Sous l'action solaire, les vapeurs s'élèvent de la surface de la terre et des mers ; elles montent dans l'atmosphère jusqu'à ce qu'au contact d'un air plus frais une partie de ces vapeurs passe à l'état vésiculaire et forme des nuages.

Si cette vapeur continue à s'élever dans des régions plus froides, les vésicules grossissent, et leur enveloppe liquide s'épaissit ; elles deviennent trop lourdes pour rester en suspension, et elles se résolvent en eau, sous forme de gouttes que leur pesanteur précipite vers la terre. Il pleut.

On a calculé qu'il tombait annuellement sur le sol de la France une couche d'eau de soixante-huit centimètres.

L'eau de pluie qui tombe directement des nuages est la plus pure qui se présente dans la nature : élevée dans l'air à l'état de vapeur, elle a subi une distillation, qui, d'ailleurs, est loin d'être complète.

Il tombe parfois, pendant l'été, au coucher du soleil, une petite pluie fine sans qu'aucun nuage apparaisse au ciel : c'est ce qu'on nomme le serein.

Au premier abord, une pluie sans nuages paraît quelque

chose d'extraordinaire : la cause en est cependant toute naturelle. Pendant la chaleur de la journée, tous les corps humides fournissent une grande quantité de vapeur aqueuse qui se répand dans l'atmosphère. Or, il arrive que la température, qui baisse au coucher du soleil, n'est plus assez élevée pour maintenir à l'état de vapeur toute l'eau que contient l'atmosphère : une partie devra nécessairement se condenser et tomber sur le sol.

Les brouillards sont analogues aux nuages. Aux approches de l'hiver, lorsque le froid commence à se faire sentir, la terre conservant plus de chaleur que l'air, il s'en exhale des vapeurs qui se transforment immédiatement en eau vésiculaire et forment ces brouillards épais que l'on voit se traîner péniblement à la surface de la terre.

Les cultivateurs ont trouvé dans les divers états des brouillards des pronostics assez sûrs du beau et du mauvais temps. En général, s'ils ont une tendance à s'élever rapidement sous l'influence des premiers rayons solaires, on doit s'attendre à une pluie prochaine ; si, au contraire, ils tombent lentement à la surface du sol, c'est l'indice d'un temps calme et serein.

Pendant les belles nuits du printemps et de l'automne, la terre perd par le rayonnement une partie du calorique que le soleil lui a donné pendant le jour. Les corps qui sont à sa surface, et surtout les plantes, qui ont un grand pouvoir rayonnant, se refroidissent rapidement, et la couche d'air qui repose sur ces corps refroidis dépose une partie de l'eau qu'elle tenait en dissolution sur les herbes et sur les feuilles des plantes, sous forme de perles liquides que nous appelons tout simplement la rosée, et que les poètes de l'antiquité regardaient comme les larmes de l'Aurore.

La rosée est rare dans les régions polaires et dans les contrées arides. Dans notre pays, elle est assez abondante pour

Un Étang, tableau de Daubigny.

remplacer la pluie, dont la terre est quelquefois privée pendant des mois entiers.

Les plantes et les arbres périraient si la rosée ne leur fournissait l'humidité nécessaire à leur développement. Dans les régions brûlantes de l'Asie tropicale et de Madagascar, la rosée s'accumule dans les urnes élégantes des népenthès, en quantité suffisante pour calmer la soif des voyageurs. Avec quelles délices on doit rencontrer sur sa route cette plante miraculeuse, dont les fleurs sont des coupes pleines !

Lorsque, au printemps, dans nos climats, le froid est assez intense, les gouttes de rosée se congèlent et donnent naissance aux gelées blanches.

Le givre n'est autre chose que le brouillard de l'automne qui se congèle pendant les premiers jours de l'arrière-saison.

Pendant l'hiver, lorsque les nuages voilent l'azur du ciel,

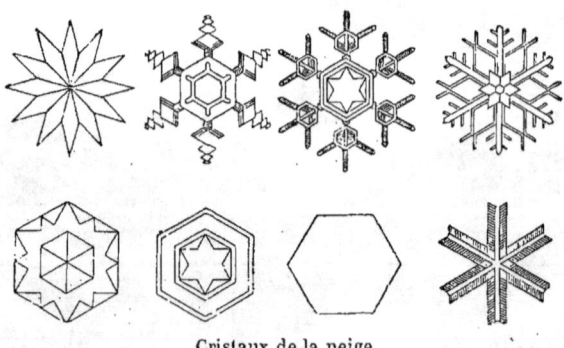

Cristaux de la neige.

et que la température est au-dessous de zéro, la vapeur vésiculaire, au lieu de se résoudre en pluie, se solidifie et tombe sous forme de petits corps cristallisés d'une éclatante blancheur : c'est la neige.

Observez attentivement les premières parcelles de cette neige qui commence à tomber : vous y verrez de ravissantes petites étoiles à six pans ou à six aiguilles. Ces petites étoiles s'agglomèrent, s'enchevêtrent les unes dans les autres en plus ou moins grande quantité et forment des flocons. « Toutes ces fleurs de neige affectent les formes les plus merveilleuses et présentent les aspects les plus variés. On croirait voir, dit

M. Gaston Tissandier, les images toujours changeantes d'un kaléidoscope. Elles sont découpées dans la plus fine étoffe, brodées dans la plus délicate mousseline. Les atomes se soudent les uns aux autres : ils se sont attirés mutuellement, se sont unis pour former des rosettes, des tiges, des rameaux, des branches, des corolles et des fleurs géométriques. »

Les neiges éternelles qui couronnent les hauts sommets des montagnes donnent naissance aux grands fleuves.

C'est en Suisse que se trouvent les sources du Rhône, du Rhin et du Pô. La rivière des Amazones, le plus grand cours d'eau connu, descend des Cordillères.

La neige qui couvre nos Alpes est le réservoir intarissable d'où s'échappent, au temps des fortes chaleurs, les ruisseaux qui arrosent et fécondent nos vallées.

En été, l'eau tombe à l'état solide, sous forme de grêle, dont il faut attribuer la création à l'électricité dont les nuages sont chargés.

Quelle que soit la forme sous laquelle elle se présente, l'eau sort du bassin des mers et y retourne.

Avant de prendre la grande route, le fleuve, elle suit un sentier, le ruisseau.

La naissance d'un ruisseau, « l'endroit où le filet d'eau caché jusque-là se montre soudain, voilà, dit Élisée Reclus, le lieu charmant vers lequel on se sent invinciblement attiré. Que la fontaine semble dormir dans une prairie comme une simple flaque entre les joncs; qu'elle bouillonne dans le sable en jonglant avec les paillettes de quartz ou de mica qui montent, descendent et rebondissent en un tourbillon sans fin;

qu'elle jaillisse modestement entre deux pierres, à l'ombre discrète des grands arbres, ou bien qu'elle s'élève avec bruit d'une fissure de la roche, comment ne pas se sentir fasciné par cette eau qui vient de l'obscurité et qui reflète si gaiement la lumière ? »

Dans les pays de plaines, les couches imperméables descendent souvent à de grandes profondeurs : les eaux s'y infiltrent lentement, s'accumulent au-dessus de la couche et y forment de grands réservoirs souterrains.

Lorsqu'une fissure aboutissant à une de ces cavités amène au dehors le trop-plein du réservoir, il se produit une source abondante proportionnelle à l'étendue superficielle du réservoir, ou plutôt à celle du sol qui y envoie ses eaux.

Les sources sont en réalité de petits courants d'eau souterrains qui prennent leur origine dans les phénomènes atmosphériques, pénètrent dans la croûte superficielle de la terre et, après un trajet quelquefois considérable, finissent par trouver une issue à la surface du sol.

M. Rivière, un nom prédestiné pour un savant qui s'occupe des sources, explique facilement pourquoi elles sont plus nombreuses dans les montagnes que dans les plaines. Cette différence peut venir des trois causes suivantes. Il pleut davantage sur les pays montagneux ; car, lorsque l'atmosphère commence à se troubler, c'est ordinairement autour des cimes des montagnes que les premiers nuages se forment et s'accumulent. Le fait de la plus grande quantité d'eau qui tombe sur les lieux élevés est, d'ailleurs, confirmé par l'expérience directe. Il y a vraisemblablement sur les sommets des montagnes une grande précipitation de vapeurs : les arbres, les

Embouchure de l'Amazone.

plantes, les mousses qui y végètent, ne peuvent manquer de contribuer à y favoriser la formation des sources. Outre cette action des plantes sur la condensation des vapeurs suspendues dans l'air, la fraîcheur qu'elles répandent autour d'elles et l'obstacle qu'elles opposent à ce que les rayons du soleil atteignent facilement le sol ainsi recouvert, diminuent considérablement l'évaporation des eaux tombées sur ces lieux; elles les contraignent, au contraire, à s'y enfoncer et à produire les sources.

Enfin, les glaces et les neiges qui couronnent les hautes montagnes fournissent un aliment continuel à beaucoup de sources qui sortent de leur pied, même durant les plus grandes sécheresses; et c'est précisément à l'époque des plus fortes chaleurs, lorsque les autres sources diminuent, que celles-ci augmentent et contribuent de cette manière à maintenir la force des grands cours d'eau.

Les ruisseaux de la montagne peuvent murmurer ainsi éternellement. Qui les peindra mieux, en traits plus justes, dans un langage plus éloquent, que Frédéric de Tschudi, l'Homère des Alpes?

« C'est au milieu d'un paysage sévère, dit l'éminent naturaliste, entre d'étroits pâturages arides et rocailleux, ou des forêts de sapins au feuillage obscur, que chantent ces ruisseaux dont les eaux transparentes adoucissent l'aspect stérile et désert des vallées. Rien n'est plus varié que le caractère de ces ruisseaux; et quoique tous roulent des eaux limpides sur un lit de cailloux, il n'en est aucun qui ressemble à l'autre. Chacun d'eux a un aspect particulier, qu'il doit en partie à son entourage, un paysage dont il est lui-même l'élément le plus vivant. Parmi ces milliers de petits ruisseaux, il n'en est pas un qui n'ait ses charmes. Les torrents dévastateurs et furieux qui transforment leurs alentours en champs de pierres, au milieu desquels ils ne coulent pendant l'été que comme un petit filet d'eau, ont souvent un cours des plus pittoresques. Au milieu de leur large lit, jonché de graviers, ils se divisent en plusieurs bras qui se séparent, forment des îles, de petits lacs, entourent de leurs vagues clapotantes de petits continents couverts d'aulnes et de saules; puis ces bras se rejoignent, et le torrent s'enfuit en bouillonnant vers le fond fertile de la vallée. »

Les ruisseaux des forêts, dont les rives sont solides et permanentes et les eaux moins tumultueuses, ont quelque chose de plus gracieux. Ils sont ordinairement alimentés par des réservoirs supérieurs, de sorte que leur cours est plus régulier et plus constant. Ce sont les vrais ruisseaux à truites : la constance de leur niveau et la limpidité habituelle de leurs eaux en font le séjour d'un grand nombre d'animaux aquatiques. Les pierres submergées sont à demi couvertes de plantes, dont les longs filaments d'un vert obscur obéissent en se balançant aux capricieux mouvements de l'onde. Des thyms, des campanules, ont pris racine sur les blocs qui s'élèvent au milieu de l'eau ; des lichens aux couleurs variées, des mousses, tapissent leurs flancs d'étranges broderies, tandis que des traquets et des bergeronnettes sautillent de l'un à l'autre, et que des libellules aux ailes bleues voltigent autour d'eux. Leurs rives sont plantées de buissons de toute espèce, et des saules, des troènes, des frênes ou des aulnes inclinent leurs branches basses sur les vagues doucement agitées, et les couvrent d'un dôme verdoyant.

C'est ainsi que, du pied d'une de nos montagnes dauphinoises, la Valserine, le ruisseau de mon village, sort pure et craintive, et prend ses premiers ébats dans une clairière de la forêt de Sainte-Colombe. Elle a donc à la fois les attraits du ruisseau de la montagne et ceux d'un cours d'eau forestier.

Les glaciers. — Le mont Blanc : les Grands Mulets.

Elle s'allie bientôt au torrent du Boscal, un riche braconnier d'alentour, qui vit d'une rente que l'hiver lui paye régulièrement sous forme de neige.

L'union fait la force : sans le Boscal, la Valserine serait peut-être morte d'anémie avant d'atteindre Septème, où je suis on ne peut plus heureux de l'avoir pour voisine.

Avec les revenus du Boscal, elle s'est fait un tempérament

solide, et, depuis qu'elle a fait un mariage d'inclination, elle traverse le pays en chantant, devant les saules attendris.

L'été, quand la cigale bavarde sur les arbres comme un commis voyageur à table d'hôte, notre ruisseau chemine avec lenteur, et les oiseaux s'y mirent coquettement.

Si un caillou fait saillie, la bergeronnette s'empare de cette île improvisée et gobe les insectes imprudents qui s'aventurent à proximité de son bec.

Les roseaux frémissent, bercés par la chanson de l'eau qui court.

En contemplant cette nappe de cristal, on se sent pris d'une ardente soif.

Dans les bois silencieux et à travers les prés fleuris, personne ne songe au furieux Boscal; on ne voit couler doucement, on n'entend harmonieusement murmurer que la Valserine.

Mais, dès les premiers soleils du printemps, le ruisseau grandit à vue d'œil ; la nymphe se transforme en Furie ; l'eau est sale, agitée, farouche. Riverains, regardez et tremblez, c'est le Boscal qui passe.

Cette révolution de la Valserine n'est heureusement pas de longue durée; aussi, quand viennent les beaux soirs de juin, lorsque la nature a revêtu toutes ses splendeurs, je me livre sur ses bords enchantés à des promenades sans fin.

La première fois que je remontai le cours de mon ruisseau, je découvris, à quelques kilomètres de Septême, une île véritable, une île... entourée d'eau... de tout côté. C'était à en devenir fou de joie.

Je la baptisai l'île du Martin-Pêcheur, parce qu'en y abordant — il y avait un gué — j'aperçus un de ces brillants oiseaux, assez rares dans tout le canton. Ils y sont, du reste, bien moins rares que les îles. Celle dont je pris possession avait bien trente mètres carrés.

De ses rivages, je distinguais facilement les aulnes, les saules et les peupliers du voisinage.

Tandis que l'ombre de quelques-uns, dépassant sans beau-

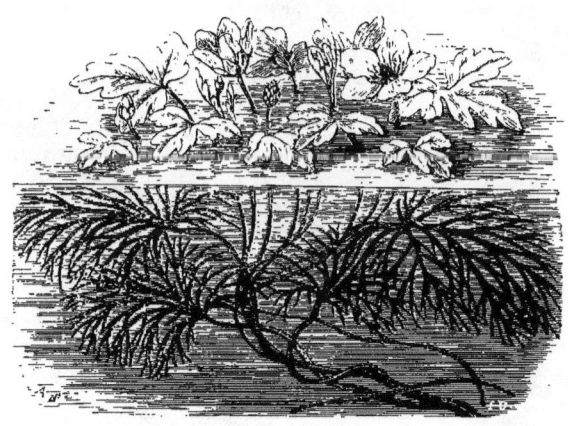

Les plantes dont les longs filaments obéissent aux mouvements de l'onde...

coup de peine la largeur du cours d'eau, m'abritait complètement, assis sur un banc de mousse sombre, je suivais le tournoiement des gyrins, l'élan des insectes patineurs et le vol anguleux des gracieuses libellules.

J'ai toujours éprouvé un grand plaisir à regarder les gyrins nageurs, et ces insectes sont probablement familiers à tous ceux qui se promènent en observateurs sur le bord du ruisseau. On les voit continuellement à la surface de l'eau, avec leur vêtement d'un noir bleu luisant, choisissant pour salle de bal quelque petite baie tranquille et s'y livrant à leurs perpétuelles évolutions. Ils paraissent affectionner particulièrement les coins entourés de roseaux et séparés du monde extérieur par quelques grandes touffes d'herbe. On ne se fatigue pas

Bergeronnette.

en les observant, et l'on peut dire que ces joyeux faiseurs de pirouettes passent toute leur vie à danser. C'est le corps de ballet de la Valserine.

Quand je me laissais aller à quelque rêve, j'en étais souvent distrait par le bruit que faisait un rat d'eau qui s'élançait de la rive. Pour peu que l'on suive avec attention le sillon qui se

Les Alpes dauphinoises.

forme à la surface, on distingue l'habile plongeur qui nage vigoureusement, ou bien, lorsqu'il a atteint le bord opposé, qui se glisse furtivement vers son trou.

Il y a aussi un autre petit animal dont j'ai souvent suivi le manège. Il descend doucement, vers le soir, du talus du ruisseau pour se livrer à ses exercices aquatiques, et à le voir

Il descend doucement, le soir, pour se livrer à ses exercices aquatiques.

nager entre les feuilles des nénuphars blancs, on le prendrait pour un gros scarabée ; mais son pelage lustré, émaillé de bulles d'air, le trahit bientôt, et, à son museau pointu, on reconnaît la musaraigne. En se tenant parfaitement immobile, on peut assister longtemps à ses ébats et la voir, tantôt nager à la surface, tantôt plonger et se jouer parmi les herbes qui se balancent au gré de l'eau. La musaraigne fut autrefois victime du préjugé fâcheux qui s'attachait aux sorciers et aux sorcières, et nos aïeux, dans leur simplicité, mettaient sur le compte de la musaraigne des prairies ou musette une foule de calamités rurales. C'était là une superstition absolument calomnieuse.

Parmi les habitants de la Valserine, je dois bien me garder d'oublier la grenouille, messagère des jours printaniers. N'est-ce pas elle qu'on entend bien longtemps avant que l'hirondelle et l'abeille sauvage aient fait leur apparition ?

Quand j'étais enfoncé dans la solitude de mon île, il me semblait que le reste du monde n'existait pas; et si deux branches dépouillées de leurs feuilles ne m'avaient permis de voir dans le lointain le clocher de Septême, je n'aurais pas eu beaucoup de peine à me prendre pour un Robinson dauphinois.

L'arrivée d'une bande de canards domestiques m'enleva un jour cette illusion; mais je n'en suis pas moins fier d'avoir découvert un coin inexploré par Livingstone.

J'ai aimé la Valserine pour deux raisons : la première c'est qu'un ruisseau quelconque m'attire et me ravit. Je suis tenté de lui demander ses confidences, et parfois je me suis surpris à l'interroger, comme s'il pouvait me dire le lieu de sa naissance, me raconter ses pérégrinations et m'initier aux mystères infinis de son existence vagabonde.

La seconde raison de ma vive affection pour le ruisseau natal, c'est qu'il recèle dans ses profondeurs deux trésors qui viennent quelquefois à la surface, grâce à des études spéciales dont mon estomac ne s'est jamais plaint.

Ces deux trésors sont les truites et les écrevisses.

Celui qui mange une truite se tromperait en croyant savourer une idylle. La truite est un poisson de proie dont la voracité ne connaît pas de bornes.

Elle est admirablement organisée pour la chasse : sa bouche est complètement garnie de dents pointues et recourbées, et ses mouvements sont d'une inconcevable impétuosité.

Transformations de la grenouille.

Nous n'avons dans la Valserine que la truite commune, atteignant assez rarement la taille de vingt centimètres. Arrivée à ce *desideratum* du pêcheur, elle peut faire amplement le bonheur de trois convives.

La truite remonte de l'Isère au Boscal, sans se préoccuper des obstacles et des barrages.

J'en ai vu qui se courbaient en arc, s'appuyaient contre

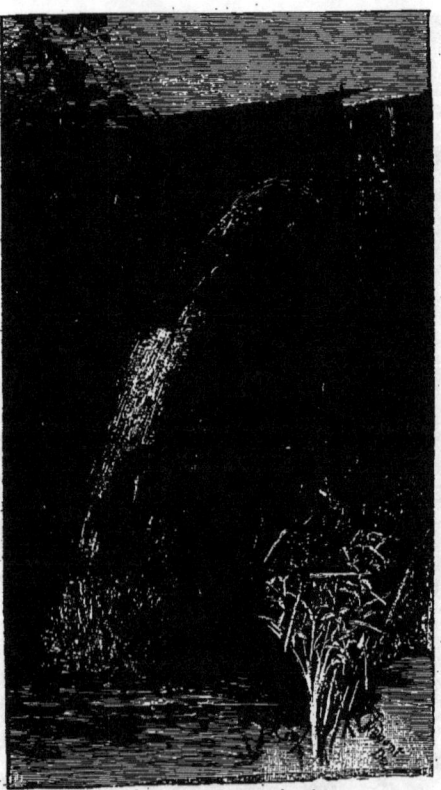
Truites sautant un obstacle.

une pierre, puis, se redressant brusquement, avec la force et la vitesse d'un ressort qui se détend, gravissaient une roche de plus d'un mètre de hauteur.

La truite se plaît naturellement dans les eaux froides de la Valserine, qu'elle parcourt dans toute sa longueur, fidèle à l'amour des voyages dont elle finit un jour ou l'autre par être l'appétissante victime.

Elle s'avance sans relâche, jusqu'à ce qu'elle ait trouvé un logement convenable, au bas d'un courant rapide, sous des rocs, et surtout à proximité d'un creux profond, où elle bat en retraite dès qu'elle s'aperçoit qu'on la poursuit.

Si elle échappe à l'un, elle n'en fera pas moins le bonheur de l'autre, car son existence de bohémienne la prédestine à périr dans la lutte que son instinct soutient contre l'intelligence de l'homme.

On a écrit d'excellents traités sur la pêche de la truite : j'ai épuisé tous les systèmes préconisés par les auteurs spéciaux, et je me contente maintenant d'aller chercher ces poissons exquis jusqu'au fond de leurs repaires.

Avec un peu d'expérience, j'ai fini par rencontrer les truites chez elles, comme si elles m'avaient donné rendez-vous. Qui sait? si je les recherche si avidement, c'est peut-être pour les punir de faire la chasse aux écrevisses, qu'elles dévorent sans remords.

Moi aussi, je dois l'avouer, je ne suis pas tendre pour ce crustacé, qui abonde dans la Valserine, où, malheureusement, il n'atteint pas les dimensions des écrevisses de la Meuse.

A quelque chose malheur est bon : si elle avait seulement quelques centimètres de plus, notre écrevisse serait expédiée aux Halles centrales, qui nous l'enlèveraient périodiquement pour alimenter les grands restaurants parisiens.

Quelques détails sur ses mœurs ne sauraient être indifférents.

Le repas de l'écrevisse commence au coucher du soleil et

finit à minuit. Elle est très vorace et mange indistinctement des matières végétales ou animales.

Libellule et sa larve.

Sa marche, qui est très lente, la rend incapable de poursuivre des êtres vivants, sauf les mollusques, qui, rampant constamment sur le sol, tantôt au fond de l'eau et tantôt le long des berges, deviennent ses premières victimes.

Dans les grandes occasions, elle saisit un têtard ou une sangsue; mais les vers de vase ou les larves de libellules ne lui manquent jamais.

Parmi les plantes, elle recherche le cresson, la berle, et, ce qu'il y a de plus piquant, les tiges d'ortie.

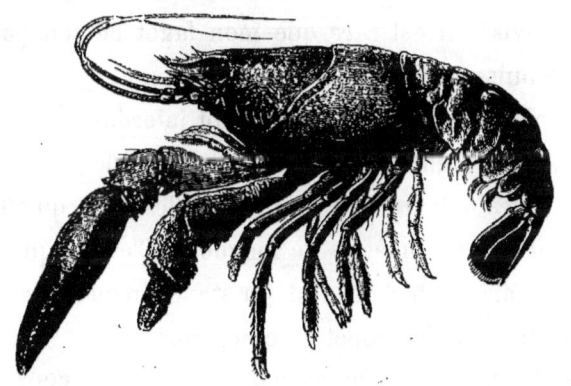

Écrevisse dont une patte repousse.

L'écrevisse a sur l'homme une véritable supériorité : elle jouit de la faculté de renouveler ses membres. Quand une patte se casse, il en pousse une autre à la place.

Les mœurs et les habitudes de l'écrevisse étant tout autres que celles des poissons, qui franchissent de grandes distances et sont toujours en mouvement, on s'explique, à leur endroit, l'inutilité des filets et de la plupart des autres engins de pêche.

Je ne sais trop comment on opère dans les rivières importantes dont elles constituent la richesse; mais je me trouve fort bien d'un système qui est généralement adopté dans toute la région baignée par la Valserine. Comme vous allez en juger, il est très primitif. Qu'importe! il réussit admirablement.

Je lie deux fagots ensemble et j'attache à l'intérieur deux morceaux de viande. Ces fagots sont formés de branches bien ramifiées de sarments de vigne et d'épine noire. Je les leste d'une grosse pierre pour les maintenir au fond de l'eau, et, au bout de quelques heures, quand les écrevisses ont eu le temps de s'engager dans cet inextricable labyrinthe, je relève mon filet improvisé. Il est rare que mon fagot ne soit pas transformé en buisson d'écrevisses.

Je savais bien que cette pêche était interdite du 15 avril au 15 juin, mais j'ignorais que je n'avais pas le droit de ravir les écrevisses à leurs grottes maternelles tant qu'elles n'ont pas atteint huit centimètres de longueur. C'est ce que m'a appris, d'un air protecteur, un juriste éminent : j'ai nommé Thibaud, le garde champêtre de Septême.

J'ai suffisamment parlé des habitants les plus considérés de la Valserine, les truites et les écrevisses.

Pendant que je flâne au bord de mon ruisseau, il me semblerait injuste de ne pas m'occuper du monde ailé qui vit presque exclusivement sur ses rives.

Le plus rare et l'un des plus curieux de ces oiseaux, que j'ai effarouché le moins possible, afin de pouvoir ajouter quelque renseignement nouveau à son dossier, est, sans contredit, le martin-pêcheur.

Pourquoi faut-il qu'un si beau plumage recouvre un individu si disgracié de la nature? La tête est grosse, le bec est trop fort, les pattes sont trop basses. Quel costume éclatant, mais quelle allure triviale!

Le martin-pêcheur est un ennemi : il a plus de truites sur la conscience que de bonnes actions, et il se distingue par une voracité à toute épreuve.

Ne lui demandez pas de rester une demi-heure sans braconner : ça le gênerait. Comme s'il avait honte de sa gloutonnerie, il vit tout seul. Ermite gourmand, il s'embusque sur un tronc d'arbre, se penche sur l'onde claire, puis, se précipitant

Martin-pêcheur.

à l'apparition du poisson qu'il guette, il s'en empare avec une prodigieuse adresse.

Ne vous laissez pas séduire par la splendeur de sa parure et ne lui marchandez pas un bon coup de fusil. Vous aurez à cela d'autant plus de mérite que le martin-pêcheur n'a pas d'égal pour filer sans tambour ni trompette à l'approche d'un danger quelconque.

Dans la même journée, et sur le parcours d'un kilomètre environ, j'ai vu sur la Valserine :

Des verdiers, qui quittent la lisière des taillis pour aller cueillir l'insecte qui vit sur les rives ombragées des ruisseaux ;

Des tarins, qui s'abattent sur les aulnes, dont ils aiment passionnément les bourgeons;

Des bruants de roseaux, ou ortolans de rivage, qui commencent leur journée dans les champs et la finissent dans les roseaux, doucement bercés sur leurs tiges flexibles;

Rousserolle.

Des bergeronnettes grises, qui gobent en sautillant les insectes et les larves;

Des rousserolles, qui fuient à votre aspect dans les verts fouillis, et reparaissent soudain à l'extrémité d'une branche, comme pour jouir de votre désappointement;

Et enfin des râles d'eau, dont on ne saurait trop vanter le goût délicat.

Un soir, quel ne fut pas mon étonnement! Je vis s'envoler, à deux cents mètres environ, un magnifique héron cendré. Par quelle suite de circonstances cet étranger, « au long bec emmanché d'un long cou », avait-il fait à la Valserine l'honneur de pêcher dans ses humbles flots? Je l'ignore, mais je n'oublierai jamais l'envolée de ce grand diable égaré dans nos pays.

Après avoir cité le nom des oiseaux qui vivent et gazouillent sur les bords de mon ruisseau, je dirai quelques mots des arbres qui s'y mirent et qui l'ombragent. Je dois mettre au premier rang les saules, les aulnes, les peupliers et les frênes.

De tous les grands arbres, l'aulne est peut-être le plus fidèle ami des eaux. Il n'est point de ruisselet qu'il ne protège, et sa racine rameuse garantit les bords, soutient les terres et empêche les éboulements.

L'historien des *Bords d'une mare,* Dubois, a dit que tout était utile dans l'aulne, les racines, l'écorce, les feuilles et les fruits. L'écorce est employée par les tanneurs et par les chapeliers : elle remplace très bien la noix de galle pour la fabrication de l'encre. Les feuilles sèches servent à la nourriture des chèvres, quand, pendant les rudes journées d'hiver, il est impossible de les conduire au pâturage. Dans les Alpes, on prétend guérir certains cas de paralysie en enveloppant les malades dans des feuilles d'aulnes chauffées au four, et dont on se sert pour provoquer des sueurs abondantes.

Le bois de l'aulne, qui se corrompt facilement à l'air, est presque incorruptible dans l'eau et les terres humides. C'est sur des pilotis d'aulne qu'a été construit le fameux pont de

Rialto, à Venise. Enfin, les sculpteurs, les tourneurs et les ébénistes se servent avec succès de ce bois utile à tant de titres.

Partout où croissent les aulnes apparaissent les saules, témoins plusieurs fois centenaires de tous les ébats de mon ruisseau.

Je trouve dans mes notes, et malheureusement sans le nom de l'auteur, une page presque éloquente sur ces arbres, qui, on le sait, dépassent quelquefois une hauteur de quinze mètres.

« Parvenus à un âge avancé, les saules ont fréquemment le tronc caverneux. Tôt ou tard, les couches intérieures, consumées par la pourriture, se réduisent en terreau, et le tronc finit par devenir vieux, ce qui ne l'empêche pas de porter une vigoureuse couronne de branchage. Rien de plus étrange, au premier abord, que ces vieux saules rongés par des insectes et éventrés par le temps, et qui se couvrent, malgré tant de ravages, d'une puissante végétation. Cadavres en décomposition au dedans, ils jouissent au dehors de la plénitude de la vie. Vieilles reliques de générations qui ne sont plus, elles peuvent être impunément insultées par la vermine : le reste de l'arbre ne souffrira pas tant que les couches extérieures se conserveront saines, car là seulement réside la vitalité. Par une prérogative inhérente à son organisation d'être collectif, le saule réunit les caractères les plus contradictoires : tout à la fois il est vieux et jeune, mort et vivant. Les zones ligneuses empilées dans l'épaisseur du tronc sont en quelque sorte les feuillets d'un livre où la vie de l'arbre est écrite. Lorsque, sur un tronc coupé en travers, nous comptons cent cinquante lignes, par exemple, cela signifie que l'arbre a cent cinquante ans, puisque chaque couche correspond à une année. On remonte ainsi à l'année de la germination de la graine qui l'a produit. »

Le saule porte donc toujours sur lui son extrait de naissance.

Comme les aulnes et les saules, le peuplier aime le voisinage des ruisseaux, dont le murmure accompagne avec une éternelle douceur la plaintive chanson de ses feuilles. Suivant quelques étymologistes, le peuplier a reçu des Romains le nom de *populus* parce que le feuillage de cet arbre est, comme le peuple, dans une agitation perpétuelle. C'est sur le peuplier que les chardonnerets recueillent le fin duvet blanc qui tapisse si artistement leur nid. Les anciens couronnaient les athlètes victorieux avec le feuillage du peuplier.

Enfin, pour clore cette liste des principaux grands arbres qui embellissent les bords de la Valserine, je citerai le frêne, que le poète Virgile appelait « l'honneur de nos forêts ». En raison de la promptitude de son développement, des dimensions considérables auxquelles il parvient et du prix élevé de son bois, le frêne représente à soixante ans une valeur importante. Son bois est blanc, assez dur, souple et très élastique. Quoiqu'il soit moins lourd que le chêne et l'orme, la solidité de sa fibre en fait un des bois les plus appréciés de nos pays. Il sert dans le charronnage pour toutes les pièces qui ont besoin de ressort, comme les brancards des voitures ou le timon des chariots. Les frênes chargés de nœuds sont très recherchés par les tabletiers et par les ébénistes. Les brousures, sortes de loupes qui se développent le long des arbres qui ont été émondés, présentent de magnifiques dessins. On les débite en plaques pour revêtir et orner la surface extérieure des meubles. L'industrie du tranchage, actuellement servie par des machines d'une puissance merveilleuse, obtient des résultats qui font l'admiration du spectateur. On est parvenu à couper les bois les plus durs, sur toute leur longueur, en tranches de quelques millimètres d'épaisseur.

Et maintenant, j'ai dit tout ce que je savais sur mon ruisseau, sur ses habitants et sur tout ce qui l'avoisine. Je m'aperçois, beaucoup trop tard, qu'une vie entière ne suffirait pas à écrire son histoire sans lacunes.

Mais je me résigne volontiers à mon impuissance si je n'ai pas trop fatigué le lecteur.

Je puis dire que j'ai passé mes plus belles heures de loisir sur les bords de ma Valserine, où je me contentais de rêver tout à mon aise, lorsque les distractions de la pêche m'étaient interdites.

Lorsqu'elle a quitté Septême, lorsqu'elle ne chante plus pour mon village, je ne sais pas pourquoi, elle me devient presque indifférente.

Je suis injuste envers elle; car, si elle n'a plus, dès ce moment, l'attrait pittoresque qui m'a toujours séduit, elle se met vaillamment au service des industriels, et en particulier des fabricants de papier. Après avoir fait l'école buissonnière, elle se met résolument à l'ouvrage. Puis, contente d'avoir charmé les rêveurs et comblé les vœux des hommes pratiques, elle va se réfugier dans l'Isère, où elle ne laisse pas plus de traces que la chanson des moissonneurs dans le ciel limpide de juillet.

Chêne de Henri IV et Sully, forêt de Fontainebleau.

LE TOUR D'UNE FORÊT

Le sol de la France se dérobait jadis sous un épais manteau de feuillage, et l'on a pu dire, sans être taxé d'exagération, qu'un écureuil serait allé, de branche en branche, de Marseille à Dunkerque.

Il n'est que trop vrai que la disparition des forêts se lie intimement aux progrès de la civilisation.

Les forêts qui existent aujourd'hui, même les plus vastes, ne représentent que d'insignifiants débris des imposantes masses boisées qui survécurent aux premiers siècles de l'ère chrétienne.

Par les Ardennes, les forêts des Vosges et des bords du Rhin tenaient à l'immense forêt Hercynienne, dont le fleuve seul les séparait.

Les bois de Fontainebleau, de Senart et d'Armainvillers sont les restes d'un massif qui couvrait tout l'espace compris entre la Seine et la Marne.

Les magnifiques futaies de Villers-Cotterets et de Compiègne ne nous donnent aucune idée de la forêt qui s'étendait au nord des abords de Lutèce, et dont les forêts de Saint-Amand, de Mormal et des Ardennes sont les derniers restes.

Entre la Seine et la Loire, l'empire des forêts n'était pas moindre : Conches, Dreux, Senonches, Crécy, Orléans et Rambouillet, ces grandes masses boisées dont l'étendue nous émerveille encore, ne sont que des boqueteaux, comparativement à l'antique forêt dont elles sont issues.

M. Charles de Kirwan, l'écrivain forestier, nous a appris que l'Artois, la Picardie, la Flandre et l'Alsace étaient, comme la Germanie, habités par des populations exclusivement sylvestres et nomades. Dans ces masses de bois sombres, impénétrables, couvrant monts et vallées, les hauts plateaux comme les monts marécageux, la chasse et le bétail composaient les seuls moyens de subsistance des peuplades à moitié sauvages qui les hantaient. Après avoir épuisé les fourrages et les bois du canton où étaient dressées leurs huttes, elles se transportaient ailleurs. La forêt fournissait à tous leurs besoins.

Alfred Maury, l'éminent auteur des *Forêts de la Gaule*, nous donne d'intéressants détails sur les essences forestières connues du temps des Gaulois. Abstraction faite, bien entendu, de celles qui ont été introduites par les progrès de la sylviculture, elles étaient généralement les mêmes que celles qu'on y rencontre aujourd'hui.

Ainsi, on y voyait déjà nos principales espèces de chênes, l'érable, le bouleau, dont les Gaulois tiraient une sorte de résine, l'orme, le saule; de magnifiques pins croissaient sur les hauteurs des Vosges, du Jura et des Alpes, et fournissaient une poix recherchée en Italie. L'if se rencontrait aussi fréquemment

Dans la forêt.

en Gaule; les progrès de la culture durent plutôt s'opposer à sa propagation que la favoriser, car son ombrage était regardé comme funeste, et son bois passait pour être empoisonné. Le buis atteignait dans la Celtique une hauteur inaccoutumée, et le platane s'avançait au nord jusque dans le pays des Morins. Le hêtre, qui ne croissait pas dans la Grande-Bretagne, foisonnait, au contraire, en Gaule, là où le sol atteignait une certaine altitude. Le châtaignier, qui recouvre aujourd'hui de vastes plateaux, semble ne pas avoir été connu en Gaule; Pline ne l'y mentionne pas. Plusieurs auteurs ne font pas mention de cette particularité.

A l'époque où notre pays n'était qu'une vaste nappe arborescente, quels étaient les hôtes des retraites profondes qu'elle abritait?

Un historien latin donne à entendre qu'au temps de César l'urus avait habité la Gaule. Répandu d'abord dans toute la Gaule occidentale, cet animal disparut peu à peu de nos forêts. Sous les Mérovingiens, il était devenu assez rare pour que les rois s'en réservassent la chasse.

D'après la description des *Commentaires,* l'urus est d'une taille peu inférieure à celle de l'éléphant. Sa couleur et ses formes sont celles de notre taureau. C'est un animal d'une grande vitesse à la course, d'une grande force, et qui n'hésite pas à attaquer tout homme ou toute bête qui se présente devant ses yeux. On prend les urus dans des fosses habilement préparées, et leur chasse, qui est très propre à endurcir les hommes à la fatigue, est pour la jeunesse un exercice favori. Ceux qui ont tué plusieurs urus et peuvent en montrer les cornes, qu'ils conservent comme des témoignages de leur valeur, s'attirent les plus grands éloges. On peut prendre des urus vivants, mais on ne parvient pas à les habituer à la vue de l'homme, même quand ils sont pris tout jeunes. Les cornes de ces animaux, par leur grandeur et par leur forme, diffèrent beaucoup des cornes de nos bœufs. Elles sont recherchées par les habitants, qui en garnissent le bord en argent et s'en servent comme de coupes dans leurs festins. Tel est le portrait de l'urus, par César.

A côté de ce gigantesque disparu vivait l'aurochs, qu'on a confondu à tort avec l'urus, et dont la descendance se réduit à quelques individus qui peuplent les forêts de la Lithuanie. Cuvier dit que l'aurochs passe d'ordinaire, mais sans raison, pour la souche sauvage de nos bêtes à cornes. Il s'en distingue par son front bombé, plus large que haut, par la hauteur de ses jambes, par une sorte de laine crépue qui couvre la tête et le cou du mâle et lui forme une barbe courte sous la gorge, et enfin par sa voix grognante.

D'après Alfred Maury, le chama, que nous reconnaissons à la description de Pline pour être notre lynx ou loup-cervier, était encore plus redoutable pour le chasseur. Au quinzième siècle, on le chassait dans les forêts des Pyrénées, et on en a tué quelques-uns de nos jours sur les hauteurs ombragées des Alpes. L'ours, qui continue à hanter les vallées les plus sauvages des Pyrénées, était jadis très commun et se trouvait dans des cantons qu'il a complètement désertés. Si l'on en croit la légende de Saint-Vaast, ce carnassier habitait, au cinquième et au sixième siècle, les forêts de l'Artois. Les loups pullulaient, et, au moyen âge, leurs troupes affamées accouraient jusque dans les villes. Les porcs sauvages, les sangliers, erraient

Les Bois (environs de Paris), tableau de Corot.

par troupes nombreuses dans les forêts de la Gaule, où les glands leur fournissaient une abondante nourriture, et leur multiplication les rendait excessivement dangereux. Les renards et les cerfs n'étaient pas moins répandus. Enfin, à une époque lointaine, le renne vécut dans les Pyrénées ; des restes du grand cerf d'Irlande ont été trouvés dans le nord de la

Le lynx.

France, et César parle des élans qui vivaient dans les profondeurs de la forêt Hercynienne.

J'ai jeté un rapide coup d'œil sur le passé. C'est de la forêt moderne que je vais parler maintenant, des arbres qui en varient le poétique aspect, des hôtes qu'elle héberge et des ouvriers qui l'exploitent.

La France n'occupe aujourd'hui que le huitième rang parmi les nations européennes classées d'après le rapport de leur surface boisée à l'étendue du territoire. Elle a devant elle la Russie d'Europe, la Suède, la Norvège, l'Autriche, l'Allemagne, la Turquie d'Europe et la Suisse; elle ne laisse derrière elle que la Grèce, l'Espagne, le Portugal, la Belgique, la Hol-

Le renard.

lande et le Danemark, qui, au point de vue de la richesse forestière, ne comptent pour ainsi dire pas.

Dans un ouvrage dont je ne puis élargir le cadre au gré de mes désirs, je suis forcé de traiter sommairement toutes les questions qui se rattachent à mon sujet. C'est ainsi que je voudrais parler longuement des arbres de la forêt, écrire leur vie puissante, compter les services qu'ils rendent, et surtout apprécier leur beauté majestueuse ou pittoresque. Ce n'est donc pas sans un certain regret que je me bornerai à citer avec quelques détails les principales essences de la France, qui sont : le chêne, le hêtre, le charme; le sapin, le pin sylvestre, l'yeuse, le pin maritime, l'épicéa, le mélèze, le pin d'Alep, l'orme, le sycomore, le bouleau, le tilleul, le tremble et le châtaignier.

Je m'étais bien promis de raconter à part l'histoire du chêne, qui a toujours été considéré comme le symbole de la force, de la résistance et du courage. On me permettra de faire une exception à son endroit et de lui consacrer une étude sommaire dont il est digne à tant de titres.

Un poète allemand l'a chanté avec une inoubliable grandeur, et je ne saurais mieux faire que de donner la traduction de cette sublime page :

« Élève-toi, jeune chêne, élève-toi au milieu des tempêtes ; tu es le chêne.

« Étends tes rameaux touffus, les oiseaux du ciel les rempliront de leurs nids et de leurs chansons.

« Les enfants du village danseront à ton ombre, sous les regards de leurs aïeux, et échangeront de doux serments.

« Les jeunes guerriers respireront le courage à tes pénétrantes émanations, et tes feuilles tresseront autour de leurs tempes la couronne des vainqueurs.

« Plus tard, car tout finit ici-bas, tu tomberas sous la cognée; mais tu tomberas pour revivre plus utile encore.

« Tu seras la lance qui donne la liberté, qui défend le foyer sacré contre les envahisseurs de la patrie.

« Tu seras la table où s'asseoit la famille, la poutre soutien du toit qui l'abrite, le lit des fortes générations.

« Tu seras le tonneau rempli de vin généreux qui nous

fait oublier nos peines, et tu seras le lit où l'homme dort son dernier sommeil! »

M. Arnaud Baron a consacré tout un poème au vaillant et robuste chêne. J'en ai retenu la strophe suivante, qui se détache avec une grande vigueur :

> Enfants, c'était avec des chênes
> Que nos gigantesques aïeux
> Brisaient des légions romaines
> Au bruit de hurlements joyeux.
>
> Leur verte guirlande rustique
> Cachait le pays conjuré :
> Si leur tronc était prophétique,
> Leur feuillage était inspiré !

Oui, le chêne était bien l'arbre gaulois par excellence. Le sol de notre pays en était autrefois couvert, et ses vastes forêts servirent longtemps de remparts à nos ancêtres contre l'invasion des Romains. Le chêne avait alors son culte, ses adorateurs, ses prêtres, et ses cérémonies dans lesquelles on venait avec solennité cueillir le gui sacré sur ses rameaux.

L'ancienne Armorique était une des terres préférées du chêne : les nombreux monuments druidiques qu'on y voit encore l'attestent suffisamment. C'est grâce aux vertus dont il était le symbole que le chêne figure dans un grand nombre d'armoiries de la noblesse bretonne, comme il figure de nos jours dans les insignes de la Légion d'honneur.

D'après M. Coutance, qui lui a élevé un véritable monument d'érudition, l'importance du chêne s'accuse par la multitude de noms patronymiques qui en dérivent, tels que : Chênac, Duchêne, De Chênelé, Chêné, Beauchesne, Chênevière,

Cueillette du gui chez les Gaulois.

Chênelong, Chênedollé, Chenilly, Chenillac, Duchesnois, de la Chesné, et encore, par corruption de langage, Quesné, Duquesne, Duquesnois, Quesnel, etc.

En dehors des légendes qui s'y rattachent, le chêne est reconnu pour le roi de nos forêts, et son port majestueux, son élévation, sa longévité, la durée et la solidité de son bois, et enfin les ressources qu'il offre à nos besoins et à notre industrie lui méritent une couronne à laquelle il se charge tous les ans de fournir les feuilles.

La vie du chêne de service passe pour être de deux cents à trois cents ans; mais des forestiers affirment qu'il peut aller à huit ou neuf siècles, et des historiens confirment leur dire.

M. Marion a fait le dossier de quelques-uns de ces géants, qu'il devait naturellement biographier dans ses *Merveilles de la végétation*. Nous devons à cet auteur d'intéressants détails sur les chênes d'Autrage, d'Antoin, d'Allonville et de Montravail.

Le chêne d'Autrage, dans le territoire de Belfort, l'un des plus gros arbres de nos contrées, fut abattu il y a quelques années. Il avait près de cinq mètres de diamètre à la base, et plus de quatorze de circonférence. On faisait remonter l'origine de ce chêne aux temps druidiques.

Dans la belle forêt de Senart, avant d'arriver au petit village de Champrosay, il y a un carrefour où huit routes viennent aboutir. Au milieu se trouve le vieux chêne d'Antoin, dont le feuillage couvre un espace de plus de trente mètres. Jadis, au bon vieux temps, on y pendait haut et court.

Parmi les arbres vénérés qui excitent au plus haut point l'intérêt des voyageurs, il faut citer le chêne immense d'Allouville, près d'Yvetot. Ce chêne ne compte pas moins de neuf cents ans d'âge. « L'aspect de cet arbre, dit un chroniqueur, excite un intérêt plus grand encore que celui des édifices que nous ont légués les peuples éteints. Il nous semble qu'il y a réellement quelque chose de plus éloquent dans cette végétation sans cesse renaissante qui a vu tant de fossés se fermer et s'ouvrir, dans cette écorce vive qui palpite sous le doigt, que dans les pierres muettes et froides des vieux temples. Nous ne connaissons pas d'historien qui nous ait mieux touché que la tradition qui raconte aux voyageurs les rois, les guerriers qui se sont reposés contre ce tronc antique, les troubadours qui l'ont chanté, ou les orages qui l'ont frappé sans le consumer jamais. » Cet arbre est aussi vert que ceux de la forêt voisine, et des milliers de glands décorent chaque été son feuillage.

Le chêne de Montravail, qui se trouve près de Saintes, dans la cour d'une ferme, est sans contredit le doyen des forêts de la Saintonge et de la France entière. On lui attribue dix-huit cents à deux mille ans d'existence. Le développement général des branches mesure cent vingt mètres de circuit. Au niveau du sol, son diamètre est de huit à neuf mètres, et sa circonférence de près de vingt-six.

En perdant le prestige envolé des vieilles croyances, le chêne a conservé ses droits à la reconnaissance de l'homme. Son bois, un des plus durs et des plus résistants, produit à l'état de taillis un excellent bois de chauffage, et, comme futaie, on en tire la plus grande partie des charpentes et des sciages employés dans les constructions civiles et maritimes, dans les travaux de menuiserie, de charronnage et d'ébénisterie. C'est avec ce bois, que le temps a noirci comme l'ébène et durci comme le fer, que sont faites les boiseries de nos églises et les charpentes de nos vieilles cathédrales.

Après le chêne, le hêtre est l'essence forestière nationale la plus importante. Le hêtre, tant par sa grande élévation que par son port majestueux, est un des plus beaux ornements de nos forêts. Peu de nos arbres indigènes sont employés à des usages aussi variés. Presque tous les ouvriers qui travaillent le bois se servent du sien, pour divers ouvrages. On l'emploie principalement à faire des tables, des bois de lit, des brancards, des treuils, des instruments de labourage, des colliers pour les bêtes de somme, des rames, des pelles, des sabots et des manches de couteaux. Le hêtre ne dure pas si longtemps au feu que le chêne, mais il produit une chaleur plus vive : il est également propre à faire de bon charbon. En Normandie, et principalement dans le pays de Caux, on borde et on entoure avec des hêtres les fermes et les châteaux. Les fruits du hêtre, les faînes, donnent une huile qui n'est pas sans valeur.

Le charme est un arbre de moyenne grandeur qui résiste aux rigueurs des climats froids et des vents violents. Il croît rapidement dans le jeune âge : jusqu'à trente ou quarante ans, son accroissement annuel égale à peu près celui du hêtre, mais il est ensuite dépassé par lui. A l'âge de quatre-vingts ans, le bois a acquis toutes ses qualités, et c'est le moment de l'exploiter. Si, par son port naturel, le charme ne produit aucun de ces effets que l'on aime à rencontrer dans la campagne, en revanche, la taille peut le soumettre à tous les caprices de l'homme. On s'en servait, dans les anciens jardins, pour imiter des portiques, des colonnades, des pyramides et des candélabres. Les feuilles du charme, quoique jaunissant à l'automne, persistent sur l'arbre presque jusqu'à la nouvelle sève. Cette propriété, jointe à celle de se soumettre parfaitement à la taille, le rend précieux pour former des haies, des abris et des brise-vents.

Le sapin est un arbre de première grandeur, exploité surtout pour la production du bois d'œuvre. Ce bois est blanc, élastique, nerveux et doué d'une grande résistance à la flexion et à la traction. L'ensemble et le degré de ces qualités dépendent d'ailleurs des conditions plus ou moins favorables dans lesquelles l'arbre a végété. On fait un grand usage du sapin pour les constructions, et il est alors employé comme charpentes de bâtiment, échafaudages et passerelles. La marine utilise ce bois pour le plancher des ponts, la mâture et les bordages. Les jeunes sapins sont pris comme étais de mines, poteaux de télégraphe ou perches à houblon. Les plus beaux sapins du Jura sont expédiés par les voies navigables dans les ports de la Méditerranée, et surtout à Marseille, où on les emploie pour la construction des navires de commerce ou de cabotage.

Le pin sylvestre, qui croît spontanément dans les Vosges, les Alpes et les Pyrénées, forme à lui seul de vastes massifs. Son bois, qui présente un grain assez fin et serré, est doué de beaucoup de résistance et d'élasticité. Ces deux dernières qualités permettent de l'utiliser pour la mâture des navires. Dans la Lozère, on fabrique avec ce bois une certaine quantité de sabots. Dans les Vosges, une seule usine, située à Raon-l'Étape, transforme annuellement en pâte à papier dix à douze mille stères de pin sylvestre.

L'yeuse ou chêne-yeuse est un arbre de troisième grandeur, à croissance lente, qui fournit un bois très dur, lourd et compact. Il est excellent comme bois de chauffage et fournit une écorce à tan de première qualité. On l'exploite en taillis ; les pieds isolés atteignent de belles dimensions.

Le pin maritime forme, au milieu des Landes et sur le littoral océanique, d'immenses futaies où le résinage se pratique en grand. Cet arbre a le port droit, l'enracinement profond et la croissance rapide : il fournit au sol d'abondants détritus qui l'améliorent. A partir de sa vingtième année, il peut être exploité. Le bois du pin maritime se conserve bien dans l'eau et fait un bon usage en pieux de pilotis. On le débite aussi en traverses et en étais de mines : pour ces divers emplois, on l'injecte de sulfate de cuivre afin de prolonger sa durée. Comme bois de fente, le pin maritime donne des échalas ; enfin, sa production résineuse est très importante.

L'épicéa, qui se mélange assez bien avec le sapin dans la zone moyenne des montagnes, forme des peuplements purs dans les altitudes supérieures. Onze départements seulement sont compris dans son aire naturelle : ce sont les Vosges, le Doubs, le Jura, l'Ain, la Savoie, la Haute-Savoie, l'Isère, la Drôme, les Hautes et les Basses-Alpes et les Alpes-Maritimes. L'épicéa des Vosges fournit de beaux sciages pour la menuiserie et l'ébénisterie. Dans les forêts du Jura, l'épicéa est recherché pour les constructions. Les épicéas de la Grande-Chartreuse, dans les Alpes, sont très recherchés pour la mâture des navires de commerce. Au point de vue du chauffage et de la carbonisation, l'épicéa n'est guère plus employé que le sapin ; mais il est très employé dans l'industrie, qui s'en sert même pour faire de la pâte à papier.

Le mélèze est un arbre d'une grande et belle espèce, dont le tronc, d'une élévation et d'une rectitude remarquables, est garni de branches horizontales du plus bel effet. Il serait à désirer que l'on s'occupât de multiplier cette espèce si précieuse, qui possède la force du chêne, la rapide végétation des pins et des sapins, et qui les dépasse tous en durée. Le charbon du mélèze, assez rare, est supérieur à celui de tous les autres résineux.

Le pin d'Alep est exclusivement méditerranéen. En remontant vers le nord, il ne dépasse pas la limite inférieure des Hautes-Alpes, de la Drôme et de l'Ardèche. C'est une essence des plus mauvais terrains, au milieu des rochers les plus brûlés du soleil. Malheureusement, sous le climat sec et chaud du littoral, ses massifs sont exposés à de fréquents incendies.

L'orme, qui croît mieux isolé qu'en massif, se trouve dans les forêts, mais il n'y devient jamais l'essence dominante. Il aime les climats tempérés, les sols frais et divisés. La fructification de l'orme est très abondante. Le bois de l'orme est très bon comme combustible ; mais on n'emploie à cet usage que les branches et les tiges défectueuses, car les pièces saines sont très recherchées pour le charronnage.

Le sycomore est un arbre des montagnes. Il croît aux mêmes altitudes que le hêtre et le sapin, avec lesquels on le trouve associé. Cultivé en mélange, avec le frêne et l'orme, il acquiert de très belles dimensions. Le bois de sycomore est assez recherché pour la menuiserie, le tour et la sculpture. Il a le grain fin et prend un beau poli.

Le bouleau est un des arbres les moins exigeants sous le rapport du sol et du climat. On le trouve sur les hautes montagnes et dans les plaines des régions septentrionales. C'est l'essence qui supporte le mieux le froid. Le bois du bouleau est surtout employé au chauffage des fours. On se sert des jeunes brins de taillis pour faire des cercles, et des ramilles pour la fabrication des balais.

Le tilleul est un arbre des climats tempérés, mais il s'élève à d'assez grandes altitudes. Le bois de tilleul est léger, tendre, et n'est bon ni pour le chauffage, ni pour le travail. L'écorce des brins de taillis est recherchée pour la fabrication des liens ; celle des arbres plus âgés sert à la confection des cordes à puits et de nattes très solides.

Le tremble est un arbre très robuste, qu'on trouve dans les plaines tempérées aussi bien que dans les régions froides. Sa croissance, rapide dès les premières années, s'arrête vers l'âge de cinquante ans, époque à laquelle il commence à dépérir. Il n'est pas rare de voir cette essence envahir les bois dont le sol est humide, et arrêter la croissance des arbres les plus précieux. On remédie à cet envahissement en pratiquant des éclaircies. On n'a pas à s'inquiéter de la reproduction de cet arbre, qui se propage spontanément plus qu'il n'est nécessaire. Le bois de tremble est employé au chauffage des fours. On en fait des caisses d'emballage et des voliges pour la menuiserie. Depuis quelques années, ce bois a acquis une assez grande valeur dans les pays où il existe des fabriques de pâte à papier, parce qu'il est très propre à cette industrie.

Le châtaignier occupe un des premiers rangs parmi les arbres de nos forêts : il a un port majestueux et parvient quelquefois à une grosseur prodigieuse. Son bois léger et résistant donne d'excellentes charpentes pour les combles des grands édifices. A l'abri de la pluie, il se conserve très longtemps. Emprisonné dans la maçonnerie, il pourrirait. Exploité en taillis et coupé tous les sept ou huit ans, il émet indéfiniment de longues gaules dont on fait des cercles pour les tonneaux et des lattes de treillage. Je m'occupe plus spécialement du châtaignier à propos de nos arbres fruitiers.

Avec l'aulne, le saule, le frêne et le peuplier, dont j'ai parlé ailleurs, j'ai mentionné les principales essences forestières de la France.

On pourrait presque consacrer une étude spéciale aux forêts de la Corse, où le pin laricio, qui leur appartient à titre d'essence propre, forme de magnifiques massifs. Le chêne-liège, le chêne-yeuse, le chêne-rouvre, le hêtre, l'aulne, l'érable, le frêne, le peuplier blanc, l'olivier et le micocoulier s'y présentent en quantités considérables.

On a beaucoup écrit sur les maquis de la Corse, refuge habituel des bandits du pays, éloignés par quelque vendetta de la vie régulière.

Veut-on savoir quelles sont les espèces qui composent la végétation spéciale de ces mystérieuses retraites? Ce sont : les houx, les térébinthes, les lentisques, l'aubépine, l'azerolier, le myrte, le grenadier, l'arbousier, la bruyère arborescente, le laurier-rose et le laurier commun, le figuier, le buis, le chêne-kermès, l'aulne, le saule et le genévrier.

Je reviens aux forêts de la France, et, à propos des arbres qui les peuplent, voici deux classifications qui ont leur importance.

On a classé les principaux bois de nos forêts comme il suit, d'après leur dureté.

Les bois très durs sont : le cornouiller, l'if, l'épine blanche et noire, l'alisier, le sorbier domestique et le charme.

Les bois durs sont : le chêne, le hêtre, l'orme, le frêne, l'érable, le robinier, le châtaignier, le cerisier, le poirier, le pommier, le sorbier des oiseleurs, le noyer et le mélèze.

L'ours brun.

Les bois demi-durs sont : le bouleau, l'aulne, le pin, le coudrier.

Les bois tendres sont : le tilleul, le peuplier, le saule, le marronnier, le sapin, l'épicéa et les pins des sols humides.

Un inspecteur des forêts a classé de la façon suivante les bois de nos climats, au point de vue de la densité :

Ce sont, par gradation descendante : le chêne-tauzin, le sorbier domestique, le micocoulier, le cornouiller mâle, l'olivier, le buis, le chêne-rouvre, le prunier, le néflier, le cerisier, le chêne pédonculé, l'érable champêtre, le sorbier des oiseleurs, le charme, le robinier, le platane, le hêtre, le frêne, l'érable-sycomore, l'alisier, l'orme, le châtaignier, le bouleau, le pin sylvestre, le saule-marceau, l'aulne commun, le mélèze, le peuplier blanc, le tilleul, le sapin commun, l'épicéa, le tremble et le peuplier d'Italie.

J'ai cité rapidement, au commencement de cette étude, les hôtes de nos antiques forêts. Il faut que je m'occupe maintenant de ceux qu'elles abritent encore, sans oublier les plus rares.

A tout seigneur tout honneur. L'ours brun de France ne se trouve plus qu'en petit nombre sur les cimes les plus inaccessibles et les plus reculées des Pyrénées et des Alpes. Il habite les vieilles forêts qui couronnent les montagnes, et les sombres gorges que le pied de l'homme n'a jamais foulées. Quoiqu'il soit admirablement armé pour la chasse, il préfère un régime végétal, et sa prédilection pour les fruits a plus d'une fois causé sa perte. J'ai dit ailleurs son incommensurable amour pour le miel.

Les bergers des Alpes et des Pyrénées prétendent que deux espèces d'ours existent dans leurs montagnes, et que l'une ne vit que de fruits et de racines, tandis que l'autre vit de proie, s'attaque aux troupeaux et ne craint pas d'affronter la lutte avec l'homme. Tous ces ours appartiennent à la même espèce; mais les jeunes ont un régime absolument végétal; quant aux vieux, ils ne dédaignent pas d'apaiser leur faim avec un mouton, quelque autre animal, ou même le berger, si l'occasion s'en présente : aussi rien n'est plus redoutable que la rencontre d'un ours qui a goûté de la chair.

Viardot raconte qu'il y a dans le gouvernement de Yaroslaff un village qui vit d'une singulière industrie : il fait le commerce des ours. On prend ceux-ci tout petits, assez loin à la ronde; on les élève avec la muselière et le bâton; puis, quand ils ont la taille ordinaire, et qu'ils savent faire proprement l'exercice à la prussienne, on les vend à des recruteurs étran-

Loups.

gers. C'est de ce village que viennent à peu près tous les ours savants qu'on voit, dans le reste de l'Europe, étaler leurs grâces pesantes, au son du fifre et du tambour, dans les foires et aux fêtes des campagnes.

Lorsque notre pays était couvert d'épaisses et immenses forêts, l'ours brun y était très commun. Les progrès de la culture rétrécissent de plus en plus le cercle de son domaine.

Le loup appartient au même genre naturel que le chien, mais il est plus gros et plus musculeux. La force de ses mâchoires est prodigieuse, et la vigueur de ses membres lui donne presque toujours la possibilité de se mettre par la fuite à l'abri de ses ennemis. Sa vue est très perçante, son odorat et son ouïe d'une extrême finesse. Dans les forêts qu'il habite, il chasse les chevreuils, les faons, les lièvres et les lapins. Le gibier forme sa nourriture de prédilection. Quand il en trouve l'occasion, il le poursuit avec acharnement, souvent avec adresse. Lorsque le gibier lui fait défaut, principalement en hiver, il quitte souvent les bois, pénètre jusque dans les villages, et se jette sur tous les animaux domestiques, chevaux, vaches, moutons, qu'il égorge et dévore. Pour s'attaquer à l'homme, il faut qu'il soit affamé par un jeûne prolongé. A défaut de proies vivantes, il évente de loin les charognes et s'en nourrit. Au besoin, il se contente de grenouilles et de petits mammifères, tels que les rats et les mulots.

M. Cabarrus, qui a étudié avec beaucoup de soin les animaux de nos forêts, affirme que, malgré tous les encouragements donnés pour la destruction des loups, on en détruit encore en France chaque année environ douze cents.

On connaît l'institution de la louveterie. Fondée par Charles VI, qui l'établit en 1404, elle fut reconstituée sous François Ier, puis réorganisée sous Napoléon Ier, qui la plaça dans les attributions du grand veneur. Aujourd'hui les lieutenants de louveterie sont nommés par les préfets.

Le renard, comme nous l'apprit Buffon, est fameux par ses ruses et mérite en partie sa réputation : ce que le loup ne fait que par la force, il le fait par adresse. Un des premiers effets de l'industrie par laquelle il est supérieur au loup, c'est de se creuser ou de chercher un terrier qui le met à l'abri des injures de l'air. Pour s'épargner de la peine, il s'empare ordinairement de ceux qu'habitent les lapins : il les en chasse et s'y établit. Mais s'il est troublé, même légèrement, dans celui qu'il a choisi, il en change bientôt ; car il ne souffre pas que l'inquiétude hante les lieux qu'il destine à sa demeure. Le renard est commun dans tous les pays giboyeux.

Le blaireau, qui est assez rare en France, a le corps ramassé et la tête allongée. Son aspect est peu agréable, à cause de la malpropreté habituelle de son poil, qui paraît toujours gras.

Blaireau.

Quoique rangé parmi les animaux nuisibles et malfaisants, le blaireau rend quelques services en détruisant une grande quantité de mulots et de taupes, qu'il va chercher avec adresse jusque dans leurs galeries. Il est vrai qu'il s'attaque aussi, quand il en trouve l'occasion, aux jeunes lièvres, aux faisans et à tout le gibier de plume. La chair du blaireau est d'un goût désagréable ; sa peau fournit une fourrure grossière, mais ses poils servent à faire d'excellents pinceaux.

Le lynx, généralement connu sous le nom de loup-cervier, appartient au genre des chats. C'est un carnassier d'une assez grande taille, doué d'une force musculaire et d'une souplesse prodigieuses. Il s'attaque aux troupeaux et fait la chasse aux putois, aux écureuils, aux martes et même aux chats sauvages. Il est devenu fort rare en France, et ne se rencontre guère qu'à l'état de passage dans les forêts des Alpes et des Pyrénées.

Le chat sauvage habite toutes les forêts de quelque étendue, où il vit isolé ou par couples. C'est un animal très nuisible au gibier, et dont la destruction est recommandée avec soin dans toutes les forêts de chasse. Il se nourrit, en effet, de lape-

Chat sauvage.

reaux, de levrauts, de faisans et de perdrix, dont il anéantit des couvées. M. Cabarrus nous apprend que sa présence est également à craindre au point de vue forestier, car il s'attaque aux oiseaux insectivores, qu'il détruit en grand nombre et qu'il va chercher pendant la nuit jusque dans leur nid.

Ajoutons à cette liste de grands carnassiers de nos forêts la loutre, qui habite plus particulièrement les étangs et les bords des rivières, et passons à la plus terrible des bêtes noires, au sanglier.

Le sanglier est la race sauvage dans l'espèce du cochon.

Comme le cochon, il est omnivore; mais il ne dévore pas, comme lui, toute sorte d'ordures. Il vit ordinairement de graines, de fruits, de glands et de racines. Il semble aussi qu'il a plus de sentiment et d'instinct. Les petits sont fidèlement attachés à leur mère, qui paraît aussi plus attentive à leurs besoins que ne l'est la truie domestique. La laie, nous dit le marquis de Cherville, reste dans son fort avec ses marcassins pendant trois ou quatre mois; elle est, à cette époque, sans cesse aux

Sanglier.

aguets, et, en raison de la finesse de son ouïe et de son odorat, il est fort difficile de la surprendre. Si les petits sont attaqués, elle les défend avec un courage, avec un acharnement sans égal, non seulement contre les loups et les chiens, mais contre l'homme lui-même.

M. Lavallée raconte qu'un bûcheron, ayant enlevé un marcassin, fut attaqué par la laie et forcé de se réfugier sur un jeune chêne. Celle-ci se mit à couper avec ses dents le pied de l'arbre, et elle eût fini par le jeter bas, si on ne l'eût elle-même abattue de plusieurs coups de feu.

Le chasseur doit se tenir en garde contre un sanglier blessé. Il fond sur lui avec une vitesse surprenante. Ses boutoirs font des blessures dangereuses; mais rarement il s'arrête, et plus rarement encore il revient sur ses pas. Si l'on ne perd pas la tête, il faut laisser arriver le sanglier tout près de soi, puis se réfugier derrière un arbre, ou seulement faire un saut de côté : le sanglier, n'étant pas habile à se retourner, passe outre. Si l'on ne peut se sauver ainsi, il ne reste plus qu'à se jeter par terre, l'animal ne pouvant frapper que de bas en haut, et nullement de haut en bas.

Abordons des sujets plus légers, et consacrons quelques notes au cerf, au daim, au chevreuil et au chamois.

Par une fraîche matinée de mars, un auteur nous conseille de suivre la belle route qui traverse la forêt. De chaque côté s'élèvent de hautes futaies de beaux chênes dont les bourgeons gonflés laisseront bientôt s'épanouir les feuilles. Tout à coup, une joyeuse fanfare, à laquelle se mêlent les aboiements d'une meute, éclate dans les profondeurs de la forêt. Nous nous arrêtons pour écouter. Au même instant, les halliers s'écartent, les rameaux se brisent, sous les efforts d'un être que nous n'apercevons pas encore, mais qui, d'un bond prodigieux, se trouve en travers du chemin, presque sous nos yeux. C'est le cerf, que nous reconnaissons à sa forme élégante et légère, à sa taille aussi svelte que bien prise, à ses membres flexibles et nerveux, à sa tête parée d'un bois superbe.

La taille des cerfs varie suivant les lieux qu'ils habitent. Les cerfs de plaines, de vallées ou de collines abondantes en grains, ont le corps beaucoup plus grand et les jambes plus hautes que les cerfs des montagnes sèches et arides.

C'est le cerf, que nous reconnaissons à sa forme élancée.

Le cerf vit en troupes, ou *hardes*. Il se nourrit de feuilles, de jeunes pousses et de bourgeons. Il mange également les fruits et s'attaque à l'écorce des arbres.

Le daim est moins grand que notre cerf commun; son pelage est d'un brun noirâtre en hiver; en été, il est fauve, tacheté de blanc. On trouve des daims noirs sans taches, et d'autres entièrement blancs. Cette différence de couleurs est le résultat de deux maladies, connues sous les noms de mélanisme et d'albinisme, et qui se transmettent parfois de génération en génération, au point de former des races à peu près constantes. Le daim a les mêmes habitudes que le cerf, mais il se plaît moins dans les grandes forêts et préfère les bois coupés de cultures. Quand on le chasse, il emploie les mêmes ruses, mais il les répète plus fréquemment. Enfin, les mâles sont plus querelleurs entre eux et se livrent des combats à outrance.

Le chevreuil est plus petit que le daim, dont il a les formes générales. Il vit par couples, et il est assez commun en France. La chevrette met bas deux faons qui restent huit ou neuf mois auprès de leurs parents. Pendant cet espace de temps, le père et la mère les soignent avec tendresse, et, s'ils sont rencontrés par des chiens, le mâle se présente, attire leur attention, puis fuit avec rapidité, en entraînant la meute après lui, tandis que la mère emmène les enfants d'un autre côté. Ils ne s'enfoncent guère dans les profondeurs des forêts, et ils préfèrent habiter les pointes de bois taillis environnés de champs cultivés, sur les collines et les revers des montagnes. Quoique indigènes de nos pays, ils craignent cependant l'intensité du froid, et tous ceux de la Bourgogne périrent pendant les grands hivers de 1709 et de 1789.

Le chamois, ou isard, est le seul animal de l'Europe occidentale du genre des antilopes. Il est d'une agilité proverbiale et se tient en petites troupes dans les régions moyennes des montagnes. On le voit franchir les précipices, bondir de rocher en rocher et s'arrêter tout court sur la pointe d'un roc offrant à peine l'espace suffisant pour y placer ses pieds rapprochés les uns des autres. Ses sens sont très délicats : il entend et voit de très loin. La chasse du chamois est l'une des plus pénibles et des plus dangereuses, le chasseur étant obligé de le suivre sur les bords des précipices, au risque d'y tomber, comme il arrive quelquefois lorsque, ne trouvant plus de moyen d'échapper, cet animal se jette sur lui avec violence. Sa voix ordinaire est un bêlement sourd; mais lorsqu'il est effrayé par quelque danger, surtout lorsqu'il est averti par son ouïe ou par son odorat de la présence d'un homme qu'il ne voit pas, il fait retentir les montagnes d'un sifflement aigu. Il se nourrit de fleurs, de bourgeons tendres et de plantes aromatiques.

Le petit gibier de poil ne comprend, dans nos forêts et dans nos bois, que le lièvre et le lapin.

Est-il nécessaire de dire que le lièvre appartient à l'ordre des rongeurs et qu'il est, avec le lapin, la grande ressource de nos chasseurs ?

J'aime mieux donner quelques détails sur les petits carnassiers, tels que la fouine, le putois, la belette, le hérisson, la musaraigne, la taupe, et sur les petits rongeurs tels que l'écureuil, le loir, le campagnol et le mulot.

Toutes les espèces d'écureuils sont des animaux agiles et animés d'un instinct remarquable pour grimper. Cette dernière particularité n'est pas un simple résultat mécanique de

Les Cerfs se livrent des combats à outrance, tableau de Courbet.

leur conformation, car ils courent aussi légèrement à terre qu'ils grimpent et sautent sur les arbres. Les écureuils se nourrissent généralement de fruits secs, qu'ils portent à la bouche avec les deux pattes à la fois. Leur nid est, pour le plus grand nombre des espèces, une sorte de petite cabane sphérique ouverte par en haut et construite avec des bûchettes sur la cime des branches les plus élevées.

Le loir est un mammifère de petite taille qui vit dans les

Le lièvre.

climats chauds et tempérés de l'Europe. Sa nourriture consiste en fruits de toute espèce : il monte sur les arbres pour s'en procurer. En hiver, il dort d'un sommeil léthargique, après avoir fait, dans sa retraite, provision de fruits secs, tels que noix, noisettes et châtaignes; il en fait usage à son réveil, aux premiers jours de printemps.

Je ne mentionnerais pas les campagnols, qui ne sont après tout que des rats vulgaires, si, lorsqu'un été sec favorise leur multiplication, ils ne devenaient un véritable fléau pour les agriculteurs. Dans le mois de juillet, lorsque les blés sont mûrs, les campagnols arrivent de tout côté et font souvent de grands ravages en coupant les tiges du blé, pour en manger l'épi. Ils semblent, dit Buffon, suivre les moissonneurs; ils profitent de tous les grains tombés et de tous les épis oubliés. Lorsqu'ils ont glané, ils vont dans les terres nouvellement semées et détruisent d'avance la récolte de l'année suivante.

L'écureuil.

En automne et en hiver, la plupart se retirent dans les bois, où ils trouvent de la faîne, des noisettes et des glands.

Il y a une espèce de campagnol, le campagnol des neiges, qu'on a trouvée près du sommet du mont Faulhorn, à deux-mille sept cent huit mètres d'altitude, au-dessus même de la région des neiges perpétuelles.

Le mulot est le plus vigoureux de tous les rats, et son espèce est la plus dangereuse au point de vue forestier. Il se nourrit des semences les plus utiles, de glands, de faînes et de châtaignes; à leur défaut, il s'attaque aux semis, dont il déterre les graines; pendant l'hiver, il ronge l'écorce des jeunes plants.

On a vu des superficies considérables, dévastées par les mulots, périr entièrement.

La fouine, dont la longueur totale atteint quarante-cinq centimètres, a le pelage brun avec tout le dessous de la gorge et du col blanchâtre. Elle se tient de préférence au voisinage des habitations rurales, et fait même quelquefois ses petits

Campagnols.

dans les granges. D'autres fois, elle établit sa demeure dans un trou de rocher ou dans le creux d'un arbre. Elle est commune en France, où on l'emploie à déloger les lapins qui se croient naïvement en sûreté dans les souterrains de leur garenne.

Parmi tous les animaux carnassiers, le putois est un des plus cruels et des plus sanguinaires. Il ne se nourrit que de proies vivantes, et il faut qu'il soit poussé par une faim extrême pour daigner se contenter de baies sucrées. Les putois qui vivent dans les bois sont constamment occupés de la chasse des oiseaux, des souris et des rats; les plus petites espèces, telles que l'hermine et la belette, attaquent sans hésitation des animaux dix fois plus gros qu'elles, les lapins, les lièvres et les plus grands oiseaux de basse-cour. Le putois, c'est la ruse dans l'attaque, l'effronterie dans le danger, un courage furieux dans le combat, une cruauté inouïe dans la victoire, un goût désordonné pour le carnage et pour le sang.

La fouine.

La belette ne s'écarte guère des habitations, si ce n'est pendant la belle saison. Alors, elle part pour la campagne, suit le bord des ruisseaux et des petites rivières, se plaît dans les haies et les broussailles des petites vallées, se loge dans un trou de rocher ou dans un tas de pierres, et quelquefois dans un tronc d'arbre. Sa vivacité ne lui permet pas de marcher: elle bondit. Si elle grimpe à un arbre, du premier élan elle parvient à cinq ou six pieds de hauteur, et elle s'élance ensuite de branche en branche avec l'agilité de l'écureuil. Le courage de ce petit animal est extraordinaire: il combat le surmulot, deux fois plus gros que lui, l'enlace de son corps flexible, l'étreint de ses griffes et finit même par le tuer. Boitard raconte l'avoir vue attaquer un gros lièvre.

Le hérisson est un animal de petite taille : il est nocturne, et se réfugie dans des trous ou bien dans des troncs d'arbres creux. Il vit principalement d'insectes, de larves, de limaçons, de limaces, d'œufs et de fruits. Il peut manger impunément

Le hérisson.

des cantharides et autres insectes vésicants. On sait que lorsqu'il est attaqué par ses ennemis, et particulièrement par le renard, il hérisse ses poils, se met en boule, et présente ainsi une surface peu commode à saisir ou à mordre.

J'ai dit ailleurs quelques mots de la musaraigne. Quant à la taupe, elle est trop commune pour qu'il soit nécessaire de lui consacrer même quelques lignes. Consignons seulement un fait rapporté par Huot. Les peaux des taupes sont, à l'en croire, susceptibles, par leur douceur et par leur finesse, de faire d'élégantes fourrures ; mais il est malheureusement trop difficile d'en réunir un nombre assez considérable qui offrent exactement la même nuance.

Ayant réservé tout un chapitre au *monde des oiseaux*, je ne puis que nommer ici les principaux oiseaux de nos forêts.

Il faut classer ce gibier de plume en gibier terrestre, comprenant : le faisan, le coq de bruyère, le tétras ou coq de bou-

La taupe.

leau, la gelinote, la perdrix grise et la perdrix rouge, la caille, la bécasse, le râle de genêt, les grives, le merle, les alouettes et les ramiers.

Le gibier de marais comprend : le héron, les cigognes, la bécassine, le bécasseau, les plumiers et les vanneaux.

Le gibier d'eau est représenté par les canards sauvages et les sarcelles, les oies sauvages, le cygne sauvage, la poule d'eau et le râle d'eau.

Les oiseaux de proie, qui sont plus ou moins rares dans nos forêts, sont : le vautour, qu'on ne trouve que dans les plus hautes montagnes du Midi; le gypaète, qui fait dans les Alpes la chasse aux chamois; les faucons, les aigles, dont deux espèces sont sédentaires dans les Alpes et les Pyrénées; l'autour, l'épervier, le milan, la buse et la bondrée.

Mentionnons enfin les corbeaux et les corneilles, le coucou, les pies et les geais, les pics, la pie-grièche; et, parmi les petits oiseaux, les gobe-mouches, le moineau, le verdier, le pinson, la linotte, le chardonneret, le bec-croisé des pins, l'étourneau, le loriot, les becs-fins, la fauvette, le roitelet, le grimpereau, la huppe et les mésanges, et nous aurons désigné tous les hôtes ailés, plus ou moins gracieux et plus ou moins intéressants, qu'on peut rencontrer en faisant le tour d'une forêt.

J'ai dressé la liste de la plupart des arbres qui concourent à la verdoyante parure de la forêt; j'ai cité tous les animaux qui y vivent sous la futaie, dans les taillis ou sur les branches. Je serais trop incomplet si j'oubliais l'homme condamné à vivre au milieu de ces retraites profondes, soit pour surveiller la richesse forestière, soit pour l'exploiter sur place. Les ouvriers de ces solitudes méritent tous notre sympathie et notre estime, et je ne crains pas de dire que leur existence est enviable, si on la compare à celle des travailleurs des cités, où la vie est si chère et devient de jour en jour plus difficile.

Dans cette galerie de portraits, celui du garde forestier mérite d'être placé sur la cimaise. C'est Lesbazeilles qui l'a dessiné de main de maître.

Le salaire d'un garde forestier est modique; il gagne par

an de six à sept cents francs; mais à ce modeste traitement s'ajoutent des avantages bien faits pour le séduire : il est logé gratuitement dans une maison située sur la lisière ou au milieu de la forêt qu'il inspecte ; il a la jouissance d'un hectare de terrain, attenant à sa demeure et où, dans les heures de loisir, il cultive des légumes, des arbres fruitiers, et; s'il en a le goût, des fleurs. On lui accorde, pour son chauffage, huit stères de bois et cent fagots. En outre, il a le droit d'avoir deux vaches qui paissent l'herbe des clairières, et deux porcs qu'engraisse la glandée. Il complète ordinairement sa petite ferme en élevant des volailles, et aussi des abeilles, qui vont butiner sur les bruyères et dans les champs d'alentour.

Tous les jours, le garde forestier parcourt son triage, dont l'étendue est de quatre à six cents hectares, quelquefois plus grande encore. Dès l'aube, entre trois et quatre heures du matin en été, il est prêt, ses guêtres sont bouclées, et il se met en marche à travers les herbes trempées de rosée.

Rentré à la maison pour une heure ou deux, dans le milieu du jour, il repart et fait dans l'après-midi sa seconde tournée, qu'il prolonge jusqu'à la tombée de la nuit. Sa promenade n'est point celle d'un oisif ; son attention est toujours en éveil ; il écoute, il regarde; son œil sonde les profondeurs lointaines de la futaie, perce l'épaisseur des fourrés; rien ne lui échappe : ni le moindre craquement d'une branche sèche, ni le plus léger mouvement de feuillage ; il en sait la cause, et il passe.

Cette vigilance continuelle est en même temps pour lui un amusement; il entend le premier coup de gosier de la grive et du merle annonçant la fin de l'hiver; il surprend, au printemps, l'arrivée de la fauvette et celle du rossignol; il connaît la place des nids dans les buissons et sur les grands arbres, il distingue sur le sable du sentier l'empreinte toute fraîche de la pince d'un chevreuil ou des griffes d'une fouine ; il reconnaît, en examinant les abords d'un terrier, que les renards sont rentrés chez eux et n'en sont pas ressortis, et que le moment est bon pour tendre des pièges. Ces petits événements l'intéressent, et il raconte chez lui à sa famille la chronique quotidienne de la forêt.

Le bûcheron a pour tâche spéciale l'abatage et l'équarrissage des arbres : il commence en novembre et ne finit qu'au commencement de juin. Pendant les mois d'été, il peut s'employer aux travaux des champs, à la fenaison, à la moisson et, un peu plus tard, à la vendange. La famille du bûcheron travaille souvent avec lui dans la forêt, coupe les branches, confectionne les bourrées, ramasse les copeaux, empile les bûches et lie les bottes d'écorce. Le soir, on rentre au village avec une menue provision de chauffage, et parfois avec une récolte de châtaignes ou de faînes.

En somme, cette vie entière, laborieuse et rude, en plein air, n'est pas trop misérable. La solitude des bois n'est pas mauvaise conseillère pour cette famille de travailleurs : elle préserve des tentations. Les bûcherons sont généralement des gens simples et rudes, mais honnêtes ; ils aiment ordinairement leur métier et les grands bois.

Ils l'aiment quelquefois avec une véritable passion. Un Américain, un bûcheron qui a écrit ses mémoires, ce qui est bien yankee, s'exprime ainsi au sujet d'un pin majestueux qu'il prétend avoir abattu avec une sorte de volupté.

« J'ai abattu des centaines d'arbres, dit-il, et j'en ai vu des centaines de mille : mais jamais je n'en ai rencontré, jamais ma cognée n'en a fait tomber un aussi splendide que ce pin, qui avait poussé au bord d'une petite rivière. Son tronc était droit et élancé comme une verge. A quatre pieds de terre, il avait six pieds de diamètre. Il atteignait cent quarante-trois pieds de hauteur, dont soixante-cinq sans aucune branche; il avait presque la même grosseur d'un bout à l'autre. Il me fallut environ une heure et quart pour terrasser ce géant. A ce moment-là, le calme régnait autour de moi, et le désert m'environnait de sa majesté. Lorsque je l'eus frappé durant une heure, le puissant colosse, qui avait mis plusieurs siècles à croître, qui avait résisté aux plus violentes tempêtes et qui dominait tous ses voisins de sa cime sans rivale, ce roi de la solitude commença à trembler sous les coups d'un être chétif; car étais-je autre chose auprès de lui ? Mon cœur palpitait lorsque je levais les yeux pour épier les premiers indices de sa chute prochaine. Il tomba enfin avec un bruit épouvantable, qui me parut ébranler cent arpents de terrain; l'écho répéta ce craquement sinistre, dont les derniers sons allèrent expirer dans les montagnes lointaines. »

Le bûcheron des plaines a le travail facile, si l'on songe aux dangers que courent les bûcherons des montagnes, où les arbres croissent souvent sur des versants abrupts, au bord des précipices. L'équilibre n'est pas souvent facile à garder sur ce terrain étroit, et le moindre faux mouvement peut causer une chute mortelle. Mais la vie de ces ouvriers de la forêt a des charmes inconnus. Ce travail en pleine nature séduit ces cœurs naïfs et vaillants, et presque tous restent attachés à cette existence qu'ennoblit le danger.

Le charbonnier n'a pas de risques à courir. Sous sa hutte

La vie des bois : *Les Bûcherons*, tableau de Bernier.

forestière, il vit plus triste cependant. En effet, quand la meule est en feu, il lui est impossible de la quitter, car il doit toujours surveiller et régler la combustion.

Le sabotier travaille en famille, à proximité de la matière première. Celui-là n'est pas seulement un industriel, c'est aussi un commerçant.

D'après les essences qui y dominent, les forêts ont aussi des spécialistes. M. Blanc nous a conté la vie des résiniers des Landes. « La guerre d'Amérique, dit-il, qui avait produit une hausse énorme sur les résines, a enrichi les propriétaires, mais les colons, c'est-à-dire les résiniers, sont restés pauvres pour la plupart. Toujours pieds nus sur le sol couvert d'aiguilles à pins, ils sont quoique sobres et laborieux, dans une extrême misère; ils n'ont pour vivre que de très modiques salaires et le produit insignifiant du maigre champ de seigle qui entoure leur masure au milieu de la forêt. Le pain noir et la garbure constituent leur nourriture habituelle; mais la sobriété des Landais est extrême : travailleurs industrieux et infatigables, ils vivent là où d'autres ne pourraient y parvenir. » Quand nous parlerons des produits de la forêt, nous donnerons quelques renseignements sur la récolte de la résine, qui est un élément considérable de notre richesse forestière.

Autres pays, autres besognes. Si les Landes ont les résiniers, les Vosges ont les schlitteurs. M. Alfred Michiels a consacré à ces rudes travailleurs une poétique étude, qui se ressent de l'impression que laisse dans l'âme la majesté des forêts profondes.

C'est une singulière profession que celle du schlitteur : il passe toute la semaine au milieu des bois et ne rentre dans sa cabane que le dimanche. S'il aime la nature, il peut satisfaire son goût, car il la voit sans obstacle et sans interruption. Le jour et la nuit, la forêt déploie autour de lui ses immenses colonnades, attire ses regards dans ses profondeurs, où le soleil glisse en minces filets d'or, où la lune plonge ses regards mélancoliques, où le brouillard promène de vaporeux fantômes.

Aussitôt que les gardes ont fini l'arpentage d'une coupe, mesuré et circonscrit le terrain où elle doit avoir lieu, aussitôt qu'ils ont marqué d'un signe distinctif les troncs destinés à périr, on met le travail en adjudication. Des compagnies d'ouvriers soumissionnent, et la plus modeste, c'est-à-dire la plus résignée, obtient la préférence.

Les uns se sont chargés d'abattre les arbres, les autres de les descendre dans les vallons inférieurs : les premiers sont des bûcherons, les autres sont des schlitteurs. En allemand, *schlitte* veut dire traîneau. Or, on charrie les bois des hautes terres sur des traîneaux. Nul terme ne désignant le métier de schlitteur en français, on a transporté dans notre langue le mot germanique.

Le pacte une fois conclu, les associés commencent par se bâtir une hutte : des troncs d'arbres et des écorces en formeront tous les matériaux. Des ramilles de sapins sont les seuls matelas de ces ouvriers montagnards. Ne se déshabillant jamais, ils n'ont besoin ni de couvertures ni de draps : ils dorment dans leurs vêtements, comme les animaux dans leur fourrure.

L'odeur agréable et salutaire de la résine parfume toutes ces champêtres demeures. Dès que le jour baisse, que les

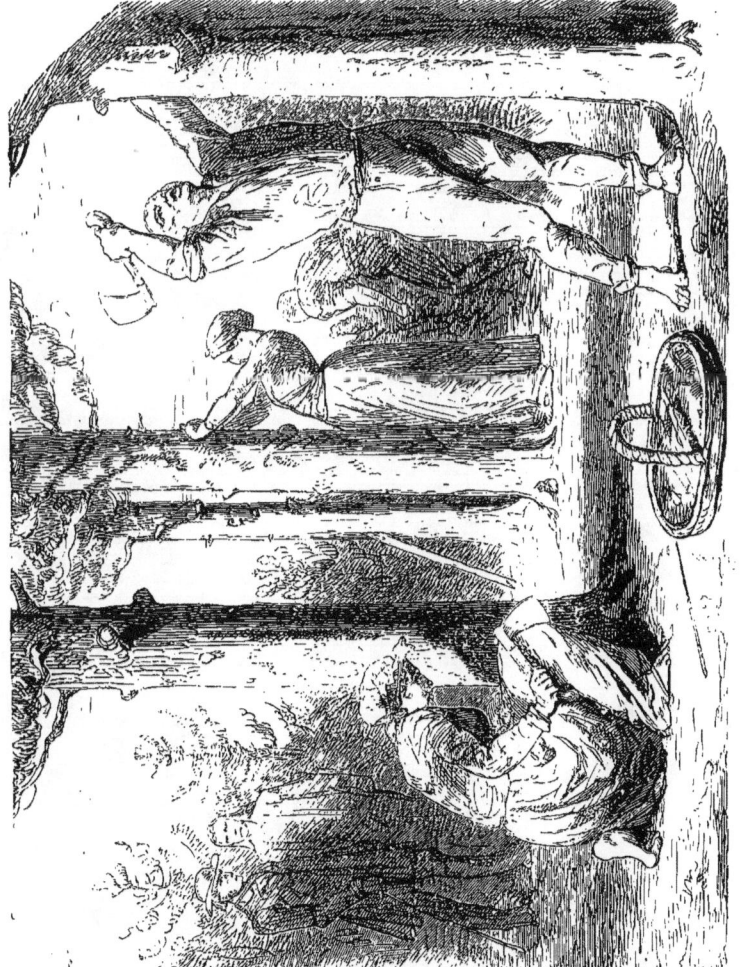

Récolte de la résine dans les Landes.

oiseaux s'endorment, que la voix des torrents gronde seule dans l'air calme ou associe aux murmures des rameaux ses notes éternelles, les ouvriers abandonnent leur tâche et viennent prendre à leur plus que modeste logis une dernière collation. Alors la chouette vole en piaulant sous les arbres séculaires, et le grand-duc en poussant des cris étranges. C'est le moment où se réveillent les instincts superstitieux du montagnard, où les vieilles histoires qui courent le pays prennent leur essor vers les générations nouvelles.

Avant de gagner leur repos, voici ce qu'ont fait les schlitteurs. Ils ont tracé une ligne des sommets des collines à leur pied. Puis ils ont construit la voie, qui offre l'apparence d'une échelle sans fin, couchée à terre; des troncs d'arbres sans valeur en forment les montants; on y pratique des entailles, on y cloue des traverses. Voilà le chemin établi, quand les constructeurs improvisés n'ont pas eu à édifier de véritables travaux d'art, occasionnés par une dépression de terrain ou par le passage d'un torrent.

Le chemin de bois — on dit bien le chemin de fer! — terminé, une autre tâche commence. Les schlitteurs, en effet, fabriquent eux-mêmes leurs traîneaux. Ils en choisissent le bois d'un œil attentif, car ils doivent porter de lourdes charges, et, s'ils rompaient sous le poids, le conducteur serait tué ou blessé. Les schlittes doivent être légères cependant, aussi légères que possible, car l'ouvrier les remonte sur ses épaules, quand il est parvenu à son but. Il emploie donc pour les construire un bois solide, le frêne habituellement, et taille dans l'érable les brancards cintrés entre lesquels il se place. Le traîneau achevé, aucun obstacle ne l'arrête plus.

Et c'est ainsi que le bois descend de la montagne, au prix d'efforts colossaux et non pas, hélas! sans accidents terribles, car il n'y a pas de chirurgien dans les montagnes.

Que de fois un schlitteur a été écrasé par le fardeau trop lourd, dont un éboulement a rompu l'équilibre! Près de l'endroit funeste, on plante une croix noire, et une famille de plus souffre et pleure.

Quand j'ai énuméré nos principales essences forestières, j'ai indiqué les divers usages qu'on en faisait dans le commerce et l'industrie. La vente du bois est le revenu le plus considérable d'une forêt ; mais il serait injuste d'oublier ses autres produits, tels que le charbon, les écorces et les résines.

Le charbon végétal, vulgairement appelé charbon de bois, est le résultat de la combustion incomplète des matières ligneuses. Il est formé de deux parties, l'une saline, constituant les cendres, l'autre charbonneuse, composée de carbone et d'un peu d'hydrogène, dont la quantité relative varie d'ailleurs suivant l'état de calcination. Il est friable et conserve la forme du végétal qui l'a fourni. La différence de densité dans les charbons varie suivant les espèces de bois et la durée de la calcination. Toutes choses égales, les principales essences donnent les résultats suivants : le poids d'un mètre cube de charbon de chêne ou de hêtre est de cent quarante à cent cinquante kilogrammes; du charbon de bouleau, de cent vingt à cent trente ; du charbon de pin, de cent à cent dix kilogrammes.

Les usages du charbon végétal sont très multipliés dans

l'économie domestique, l'industrie et les arts. Indépendamment de son emploi comme combustible, il fait partie de la poudre à canon, de l'encre d'imprimerie, etc.

La propriété du charbon d'absorber et de solidifier les gaz méphitiques est devenue l'objet d'applications les plus heureuses à l'hygiène publique et privée; ainsi les eaux putréfiées perdent leur odeur et deviennent potables en passant à travers un filtre de charbon; la viande faisandée perd aussi son mauvais goût et son odeur repoussante par l'ébullition avec cette substance, et il suffit de charbonner l'intérieur des tonneaux destinés à la conservation de l'eau pour empêcher sa corruption.

En forêt, l'opération de la carbonisation du bois dure de huit à dix jours. Pendant ce laps de temps, il n'est point de repos pour l'ouvrier. Il ne faut pas qu'il cesse de surveiller son feu, d'ouvrir ou de fermer les évents afin de rendre régulière la combustion qui s'accomplit; il faut aussi qu'il garantisse sa meule des coups de vent, au moyen d'abris ou de paillassons convenablement disposés. La réussite se reconnaît à ce que le charbon est dur, sonore, compact, et d'une cassure brillante. S'il est trop cuit, il est tendre, friable et d'un son mat; s'il ne l'est pas assez, le bois se transforme en fumerons, qui brûlent avec une odeur caractéristique.

L'importation considérable qui se fait en charbon de bois ne suffit pas à satisfaire les besoins sans cesse croissants. Pour combler ce déficit, on a été conduit inconsidérément à demander à nos forêts au delà de leur production normale, et c'est ainsi qu'on les a dépeuplées d'une façon inquiétante. Un remède radical s'impose, car certaines contrées montagneuses ne peuvent trouver de salut que dans le reboisement des pentes inconsidérément dépouillées.

Après les bois d'industrie et les bois de feu, la forêt fournit encore les écorces et la résine. L'écorce du chêne, du bouleau, de l'aulne et de l'épicéa sert au tannage des peaux : l'acide tannique qu'elle contient se combine avec la gélatine de la peau et la transforme en une substance nouvelle, à la fois imperméable et imputrescible.

D'après Lesbazeilles, l'écorcement ne s'opère que sur les arbres destinés à être abattus. Il se fait au printemps, en avril ou en mai, parce qu'en ce moment la sève abondante qui monte sous l'écorce rend celle-ci moins adhérente au bois, la décolle en quelque sorte et en facilite le détachement. On commence par entailler circulairement le pied de l'arbre ; puis on divise l'écorce en bandes longitudinales, que l'on arrache de bas en haut. On dépouille la partie supérieure de la tige quand l'arbre est abattu et couché par terre. Les lanières d'écorce sont ensuite séchées au soleil et liées en bottes.

Un hectare de taillis de chênes de vingt à vingt-cinq ans peut donner environ cinq cents bottes, valant cinq cents et mille francs.

Les écorces alimentent un commerce très important. M. Clavé, l'écrivain forestier, évalue à cent millions de kilogrammes la quantité de peaux qui entrent annuellement dans la tannerie française ; il faut pour les tanner, un kilogramme de peau exigeant trois kilogrammes de tan, environ trois cent trois millions de kilogrammes d'écorce.

Une écorce dont on ne saurait contester l'importance capitale, c'est celle du chêne-liège. La récolte du liège a lieu, d'ordinaire, en mai, alors que le chêne spécial qui le fournit est en pleine sève. Les ouvriers font une coupure circulaire en haut et en bas du tronc ; ils fendent ensuite l'écorce avec la pointe de leur serpe dans toute la longueur de l'arbre, puis ils passent au-dessous un outil de fer ou de bois dur qui ressemble à une spatule, et l'écorce se détache aisément du bois. Un chêne-liège est dépouillé pour la première fois de son écorce lorsqu'il a atteint l'âge de quinze ans environ. A partir de cette époque, les dépouillements successifs se répètent à des intervalles de sept à douze ans, suivant la vigueur de l'arbre. La première écorce ne s'emploie guère que pour les filets de pêche ; l'écorce provenant du second dépouillement n'est pas encore rangée dans la première qualité de liège, car la bonté de l'écorce s'accroît à mesure que l'arbre vieillit. L'écorce d'un très beau chêne peut donner deux mille bouchons.

Enfin, parmi les produits les plus précieux de nos forêts méridionales, il faut compter au premier rang la résine, d'où la distillation extrait la térébenthine pure, en la séparant de divers résidus, utiles eux-mêmes.

Nous trouvons dans les *Forêts*, un des livres les plus complets sur la question qui nous occupe, de très curieux détails sur ce produit du pin maritime.

Rien n'est plus simple que d'obtenir la résine. On pratique sur les pins, quand ils ont atteint l'âge de vingt-cinq ou trente ans, des entailles longitudinales assez profondes pour entamer l'aubier, et le suc résineux suinte dans ces entailles et coule. On le recueille dans des vases placés au pied des arbres. Chaque semaine, le résinier, dont nous avons conté la vie si laborieuse, vient enlever le contenu de ces vases et en même temps raviver les blessures des pins.

Cette opération, appelée *gemmage,* occupe dans nos forêts des Landes de nombreux ouvriers, que l'on voit munis d'une hache et d'une échelle à un seul montant, grimpant comme des écureuils, assénant d'une main rapide quelques coups de leur outil tranchant, descendant ou plutôt sautant à terre, courant sans cesse d'un arbre à l'autre et s'enfonçant dans les profondeurs de la futaie. Quand on se borne à faire deux entailles à un pin, il ne paraît pas souffrir ; il peut végéter, toujours blessé, saignant, perdant continuellement sa résine, cent à cent vingt ans. Dans ce cas, on dit qu'il est gemmé à vie. Mais quand les arbres sont destinés à tomber dans une coupe prochaine, on ne les épargne pas, on les entaille sur toutes les faces à la fois : ils sont gemmés à mort.

La résine est peut-être le seul produit forestier pour lequel nous ne soyons pas tributaires de l'étranger.

J'ai dit ce qu'étaient nos anciennes forêts et leurs hôtes ; j'ai parlé des essences et de la faune forestière, des ouvriers et des produits. Il me reste maintenant à déplorer, comme tous ceux qui ont étudié cet intéressant sujet, la lente mais sûre dépopulation des régions qui paraissent les mieux favorisées.

Quelle est notre richesse actuelle, et que pouvons-nous demander encore à ces masses de végétation qui vont s'appauvrissant ? Pour faire connaître l'étendue de nos principales forêts, nous pouvons citer quelques chiffres exacts, empruntés aux statistiques de l'administration du domaine forestier de l'État.

Ce domaine comprend sept cent quarante-huit forêts, qui se classent de la façon suivante d'après leur étendue :

Une seule forêt contient plus de trente mille hectares, c'est la forêt d'Orléans. Une forêt contient plus de quinze mille hectares : c'est la forêt de Fontainebleau. Six forêts, celles de Compiègne, de Lyons, de Retz, de Chaux, d'Auzat et de Tronçais, contiennent de dix-mille à quinze cents hectares. Vingt-trois autres, parmi lesquelles celles de Rambouillet, d'Eavy, de Brotonne, de Mormal, de la Grande-Chartreuse, de Perseigne, de Chinon, de Châteauroux, etc., contiennent de cinq mille à dix mille hectares. Deux cent vingt-huit contiennent de mille à cinq mille hectares. Cent soixante douze en contiennent de cinq cents à mille. Enfin trois cent dix-sept forêts domaniales contiennent moins de cinq cents hectares.

Je ne puis me défendre, en terminant cette étude, de traduire l'impression que produit la forêt sur le poète et sur l'artiste.

De grand matin, avant que des nuages roses flottant à l'horizon annoncent le lever du soleil, avant même qu'à l'orient une pâle lueur indique sa présence, alors que les étoiles scintillent encore au ciel obscur, le grand naturaliste Frédéric de Tschudi a voulu noter tous les bruits naissants, la première heure du réveil dans une forêt des Alpes.

« Tout d'abord, un léger gloussement descend du sommet de quelque vieux sapin; puis, ce sont des notes brèves, des claquements de plus en plus rapides, enfin un éclat bruyant auquel succède une longue roulade de notes sifflantes : c'est le chant du coq de bruyère. Tout en chantant, il roule les yeux, saute et trépigne sur sa branche. A ses pieds, les poules cachées dans les broussailles admirent silencieusement les extravagances de leur maître et seigneur. Mais d'autres bruits ne tardent pas à faire diversion. Quelques becs-fins de roseaux, logés dans les marais voisins, ont déjà commencé de chanter, et s'encouragent d'autant plus que le lever du soleil approche. C'est alors que, secouant la rosée qui humecte son plumage noir, le merle s'éveille, aiguise son bec au contact du rameau, et de bond en bond s'élance au sommet de l'érable. Il semble s'étonner de voir la forêt endormie lorsque le jour a déjà succédé à l'aube blanchissante. Deux fois, trois fois, son cri retentit dans toute la vallée, au fond de laquelle quelques traînées de brouillards suivent le cours du ruisseau. Puis, d'une voix puissante, il adresse aux échos des strophes sonores au timbre métallique, qui tantôt s'exhalent en notes joyeuses, tantôt s'éteignent en plaintives modulations.

« Alors tout ce qui a vie se réveille : au chant du merle succède dans la forêt le cri du coucou. Au-dessus des cheminées des villages commencent à s'élever, bleuâtres, les colonnes vacillantes de fumée; on entend les aboiements lointains des chiens de garde, puis les clochettes des vaches; tous les oiseaux délaissent les buissons obscurs, la terre, les rochers, et s'élèvent joyeux dans les airs pour saluer le matin et remercier cette bonne mère nature qui leur rend la lumière.

« Tel petit oiseau, continue notre poète observateur, qui s'envole maintenant sans souci, a passé une triste nuit d'angoisse; il était perché sur un rameau, la tête enfoncée au milieu de ses plumes, quand, dans son vol silencieux, la chouette l'a frôlé de son aile. Le putois a quitté la vallée, l'hermine est sortie de son rocher, la martre est descendue de son nid d'écureuil, le renard a traversé le buisson, et l'oiselet a vu passer bien près de lui ces cruels ennemis. Pendant de longues heures, tout dans l'air, sur le tronc, sur le sol, tout l'a fait trembler, et il est resté immobile sous les quelques feuilles de hêtre qui le cachaient et le protégeaient. Aussi qu'il est heureux d'être désormais en sûreté et de voler en pleine lumière ! Puis, le pinson fait retentir sa voix par bruyants éclats ; le rouge-gorge gazouille au sommet des mélèzes, le tarin dans les aulnes, le bouvreuil et le bruant dans les buissons. Partout, linottes, mésanges, chardonnerets, troglodytes et roitelets sifflent à leur façon ; les ramiers roucoulent, les pics frappent les troncs. La draine, la grive et l'alouette sont les solistes de ce concert matinal, admirable, sous les dômes de verdure. »

« Grandes forêts, a dit Michelet, vos innombrables feuilles, d'une invincible aspiration, fixent les eaux flottantes, les versent à nos champs, alimentent le monde. L'arbre noir que l'on croit funèbre, tout au contraire, avec ses fines pointes, attire la nue vivante, électrique, et les sapins, forts de la puissante sève qui les refait sans cesse, de cet or résineux qui conserve et guérit, voient passer l'homme et durent mille ans. Tel peut vivre cent siècles. Plus ferme et plus durable que tous les porphyres de l'Égypte, il vit le premier Pharaon. Vieux pontifes, dites-moi le mystère d'immortalité ! »

Quant à moi, je ne me plaindrai pas de ma destinée tant que j'aurai, pour promener mon rêve, les chemins parfumés de la forêt voisine, où chaque saison nouvelle varie les horizons, les paysages et les concerts.

LES FRUITS DE FRANCE

J'avais déjà écrit un chapitre sur les fruits de France, lorsque l'attraction d'une exposition universelle me fit envisager comme une chose possible un voyage à Paris. Quel rêve pour un instituteur d'une si lointaine province! Je ne vous parlerai donc pas du Champ de Mars et des merveilles que j'y rencontrai; mais ce que je puis vous dire, c'est qu'après une longue visite aux Halles centrales, je fis une enquête sur la production générale des fruits de France, enquête qui me fut facilitée par les principaux négociants centralisateurs.

C'est à Paris, et grâce à des indications précises, à des chiffres incontestables, que j'ai documenté mon étude. Pour une fois, j'ai fait de la grand'ville mon centre d'observation, parce que je ne voulais pas être accusé d'être exclusif et de préférer sans raison légitime la région natale à d'autres plus privilégiées ou plus fécondes.

Les provinciaux mangent de bons fruits, nous ne le contestons pas; mais Paris est, pour les fruits de saison de toute espèce, un centre d'approvisionnement et de consommation dont l'importance s'étend jusqu'aux extrémités du territoire, surtout depuis que la locomotion à vapeur, en se multipliant dans toutes les directions, a créé des moyens de transport puissants et rapides.

En effet, les environs de Paris ne sont plus, comme autrefois, en possession de fournir exclusivement aux Parisiens tous les fruits nécessaires à leur subsistance, et les nouvelles voies de communication ont changé complètement les conditions de l'approvisionnement.

Aujourd'hui, le Midi, qui ne nous envoyait des fruits que lorsque ceux des départements les plus rapprochés ne venaient pas encore sur le marché parisien, nous les expédie en abondance, et d'autres contrées, moins favorisées sous le rapport du climat, dirigent à leur tour ces produits sur la capitale.

On peut dire qu'à l'heure où nous sommes, tous les départements qui produisent en quantité d'assez beaux fruits sont les tributaires de Paris pour cet approvisionnement spécial. Il n'est point douteux, d'ailleurs, que les facilités offertes par le transport des marchandises, en donnant au rayon approvisionneur une étendue presque illimitée, n'aient contribué à augmenter la richesse du pays et la consommation générale.

A peine le printemps a-t-il fait sentir dans notre région sa douce influence, que l'on voit commencer les arrivages de fruits des pays méridionaux. Ces produits sont dans les contrées d'origine des fruits de saison, mûris naturellement, sans aucun emploi de moyens artificiels ; mais ce sont, pour les Parisiens, de véritables primeurs, puisque leur mise en consommation devance de plusieurs mois le moment où ils peuvent être récoltés dans les départements voisins de la capitale.

Les fruits frais du Midi, tels que les cerises, les prunes, les abricots, les pêches, les figues et les raisins, arrivent d'abord des départements les plus éloignés au sud, c'est-à-dire du Var, de la Vaucluse, des Bouches-du-Rhône, du Gard, de l'Hérault, des Pyrénées-Orientales, de la Drôme, de l'Ardèche, de l'Isère, et enfin de quelques départements du Centre : du Puy-de-Dôme, d'Indre-et-Loire et de Maine-et-Loire.

Ces expéditions sont donc, en quelque sorte, échelonnées, selon la latitude des territoires producteurs; mais, pour la plupart, elles cessent dès que les fruits similaires des environs de Paris et des départements circonvoisins arrivent à maturité.

Nous allons indiquer sommairement, pour les principaux fruits, les provenances auxquelles nous les devons, en classant les localités, non d'après les plus forts arrivages, mais dans l'ordre de priorité de leurs envois.

Les cerises sont expédiées de la fin de mai au 25 juillet, des départements du Var, des Bouches-du-Rhône, du Gard, de la Gironde, de Tarn-et-Garonne, de Vaucluse, de l'Ardèche, de la Drôme, du Rhône, de Saône-et-Loire, de la basse Bourgogne, de la Champagne et de la Normandie.

Du 15 juin à la fin de juillet, s'effectuent les envois de prunes de Reine-Claude, provenant des Pyrénées-Orientales, de l'Hérault, de la Drôme et de Saône-et-Loire. Les prunes de Couache et de Mirabelle viennent un peu plus tard, de la fin de juin à la fin de septembre ; les départements de Meurthe-et-Moselle, plusieurs pays de l'ancienne Lorraine, Vitry-le-François et le département des Ardennes nous les expédient.

Les abricots se vendent dès le 10 juin jusqu'à la fin d'août ; nous devons les premiers à l'Espagne ; puis arrivent les abricots du Var, des Bouches-du-Rhône, de Vaucluse, du Gard, des Pyrénées-Orientales, de la Gironde, de Lot-et-Garonne, de Maine-et-Loire, du Puy-de-Dôme, du Rhône et d'Indre-et-Loire.

Les pêches ont pour provenances le Var, Perpignan, Salon, la Gironde, la Corrèze, Indre-et-Loire, le Gard, la Drôme et l'Isère. Les arrivages commencent vers le 15 juillet et se poursuivent jusqu'à la fin de septembre. A partir de cette époque, on ne reçoit plus que des pêches de vignes, expédiées de la Corrèze, d'Indre-et-Loire, de la Dordogne, de la Nièvre et de quelques autres pays.

Ce sont les départements du Var, des Bouches-du-Rhône et de Vaucluse qui, du 15 juillet à la fin d'août, nous envoient les figues fraîches.

Pour les raisins, c'est l'Espagne qui ouvre la marche. Le Var fait ensuite des envois ; l'Hérault le suit, pour de grandes quantités. Il faut citer presque en même temps le Gard, la Drôme, l'Isère, l'Ardèche, puis, un peu plus tard, Seine-et-Marne et les environs de Paris, en première ligne Fontainebleau et Thomery.

La période d'arrivage des pommes s'étend du 10 septembre à la fin d'avril. Les principaux lieux de provenance sont : la Normandie, le Puy-de-Dôme, la Sarthe, Maine-et-Loire, la Savoie, la Loire-Inférieure et l'Italie.

La vente des poires commence vers le 10 août et finit vers le milieu de mars ; on les reçoit du Puy-de-Dôme, de la Savoie, de Maine-et-Loire, de la Normandie, de Meurthe-et-Moselle et d'Indre-et-Loire.

Le Var (Toulon), les Bouches-du-Rhône (Saint-Chamas) et Vaucluse fournissent les amandes vertes, du 1ᵉʳ au 15 juillet.

Les noix abondent de septembre à la fin de mars ; les provenances sont les mêmes, pour les sèches et les fraîches ; celles-ci commencent à paraître en septembre. On tire les unes et les autres du Périgord, de la Corrèze, de l'Isère, d'Indre-et-Loire, de Loir-et-Cher, de la Bourgogne, de la Sarthe et des Alpes.

Les marrons et les châtaignes affluent du 10 septembre à la fin d'avril.

Ces renseignements généraux donnés, nous allons consacrer à chacune des espèces d'arbres fruitiers du pays de France une courte notice ; et, pour la commodité du lecteur, nous avons adopté l'ordre alphabétique. Cela dit, nous commençons sans autre préambule.

On rencontre l'*abricotier* dans les endroits abrités, dans les vallées épargnées par le brouillard et sur le versant de certaines collines rocheuses. Le sol granitique aide à sa vigueur ; la concentration de la chaleur et l'abri assurent sa fructification.

Dans certaines localités méridionales, le vent du matin qui, des montagnes, arrive dans la plaine, sauve la floraison compromise.

Les climats de la Bourgogne, du Lyonnais de la Provence, du Bordelais, de l'Anjou et de l'Auvergne sont très favorables à l'abricotier.

Dans le midi de l'Europe, et même en France, il vient en basse tige aussi bien qu'à tige élevée.

L'abricotier est très commun dans l'Asie centrale, de la Perse au Japon. En Syrie, il végète à l'état spontané, et ses branches traînent sur le rocher. Sur les flancs de l'Himalaya, c'est un arbre sauvage, et les indigènes ramassent le fruit avec un balai pour en faire de l'huile de noyau.

Par ordre de mérite, les meilleurs abricots sont l'abricot pêche, l'abricot Saint-Jean, royal, angonnais, et l'abricot précoce.

Quand l'année est précoce, le prix du fruit est insignifiant. Les industriels et les ménagères profitent de la circonstance pour faire d'amples provisions et les façonner à divers genres de conserves qui suppléeront aux mauvaises récoltes.

Dans leur langage, les négociants reconnaissent trois grands centres de production de l'abricot : l'abricot de Lyon, sur les bords du Rhône, au sud, et dans l'Isère, autour de Vienne; l'abricot de Clermont, de la Limagne d'Auvergne, où l'on confectionne sur place la pâte d'abricot, et l'abricot d'Avignon, qui comprend, sous cette désignation particulière, les départements du Gard, des Bouches-du-Rhône et de Vaucluse.

On désigne sous le nom d'abricots de Paris ceux qu'on récolte dans la Seine et dans Seine-et-Oise. Un seul village de cette région, Bennecourt, a vendu, il y a quelques années, pour deux cent mille francs de fruits, et ce village n'a que huit cents habitants. Dans la région provençale, qui s'enrichit avec les primeurs, à Sénas, un verger composé de trente abricotiers a rapporté plus de deux mille francs dans une seule récolte.

A Barbentane, des abricotiers en buissons évasés portent jusqu'à trois cents kilogrammes de fruits. Cette commune et celles de Boulbon et de Châteaurenard chargent par jour, pendant six semaines, plus de vingt wagons d'abricots.

Le Var a des vergers d'abricotiers plantés à huit mètres d'intervalle, et la vente commence vers le 15 juin, avec le royal hâtif.

L'abricotier est encore cultivé avec profit sur les coteaux de Tarn-et-Garonne, principalement de Valence-d'Agen à Moissac; mais le fruit est plus petit et moins prisé que ceux de la vallée du Rhône.

Les abricots récoltés en plein vent se prêtent mieux à toutes les préparations gastronomiques, telles que confitures, gelées, marmelades, compotes, pâtes ou conserves. Les abricots d'espalier sont préférables pour le dessert. On prétend qu'à Paris les restaurants de mauvais aloi servent, sous le nom de compote d'abricot, de la compote de citrouille. Nous n'aurons pas le courage de vérifier.

L'*alisier* est le nom vulgaire qu'on donne à quelques arbres de la famille des rosacées. Ses fruits, appelés alises, sont de petites drupes, d'un rouge orangé plus ou moins vif à la maturité. Les alises contiennent plusieurs noyaux osseux et très durs : c'est ce qui les distingue des fruits du sorbier, avec lesquels on les a souvent confondues.

Il y a trois sortes d'alisiers : l'alisier des bois, qui se rencontre communément en France, surtout dans les pays montagneux; l'alisier blanc, caractérisé par des feuilles blanchâtres en dessous, et l'alisier de Fontainebleau, la plus commune des espèces de nos régions.

Les fruits de l'alisier ont une saveur acidule assez agréable.

Ils sont légèrement astringents et souvent employés par nos paysans contre la diarrhée.

Le bois est très estimé des menuisiers et des tourneurs.

L'*amandier* nous vient de l'Europe méridionale, selon les uns, de la Perse selon les autres ; ce qu'il y a de certain, c'est qu'il est difficile de lui attribuer une patrie, car on l'a rencontré en état sauvage en Afrique. C'est un arbre qui atteint souvent sept à huit mètres de hauteur. Son véritable climat se trouve en France, depuis Valence jusqu'à Marseille et depuis Gênes jusqu'à Perpignan.

C'est seulement sur les collines sèches et arides qu'il donne du fruit de bonne qualité et en abondance. Dans les terres argileuses ou trop fraîches, il pousse beaucoup en bois et fructifie mal.

On compte plus de vingt variétés d'amandiers, mais elles forment deux catégories bien distinctes : celle des amandiers à fruits amers et celle des amandiers à fruits doux. Les amandiers à fruits amers n'ont d'autre avantage que d'être plus robustes que les autres, et leurs fruits conviennent plus particulièrement pour la fabrication de l'huile et pour des pâtisseries.

Lorsque les péricarpes ou coques s'ouvrent et que les premières amandes tombent, il est temps de faire la récolte. Pas n'est besoin d'attendre qu'elles s'ouvrent toutes : on attendrait trop longtemps. On les gaule avec des baguettes en bois flexible, ou mieux avec des roseaux connus sous le nom de cannes de Provence. La cueillette à la main serait beaucoup trop lente : elle ne convient réellement que pour les amandes vertes que l'on consomme avant la maturité.

Une fois les amandes gaulées et séchées sur place ou au grenier, on les dépouille de leur brou, qui devient une provision d'hiver pour le bétail; on les laisse sécher encore, puis on les met en sac et en lieu sec pour la vente.

D'après M. Dubreuil, le produit annuel des amandiers est très variable. Toutefois, dans le midi de la France, on compte

Amande.

en moyenne, pour un arbre arrivé au maximum de son développement, six kilogrammes d'amandes privées de leur coquille.

Le bois de l'amandier est dur : on s'en sert dans l'ébénisterie et aussi pour monter les outils des menuisiers et des charpentiers. Ses feuilles sont mangées avidement par les chèvres et les moutons. Ses fruits sont surtout recherchés avant sa maturité; mais quand l'amande est bien formée, ils font partie de nos desserts. Ils ont l'honneur d'être rangés au nombre des « quatre mendiants ».

Les amandes douces sont utilisées dans la fabrication des dragées et du nougat; leur émulsion avec de l'eau d'orge et du sucre constitue l'orgeat.

M. Moquin-Tandon nous apprend que les amandes amères ont été conseillées dans les douleurs névralgiques et les fièvres intermittentes. Enfin, le marc des amandes, dont on extrait une huile très douce, est utilisé par les parfumeurs sous le nom de pâte d'amande.

L'amandier, qui est un des plus séduisants messagers du printemps, est un arbre délicat, qui craint beaucoup les gelées, surtout au moment de la floraison, qui est très précoce ; aussi ne faut-il pas songer à le cultiver pour ses produits en dehors de sa zone naturelle. Cette zone ne dépasse guère, en France, le département de la Drôme.

L'*arbousier* est un arbuste à écorce rugueuse dont les fleurs sont disposées au sommet des rameaux en grappes pendantes. Il croît spontanément dans les terrains arides de la région méditerranéenne.

Ses feuilles et son écorce, qui renferment beaucoup de tanin, sont employées comme toniques et astringentes. On s'en sert en Grèce pour le tannage des peaux.

Ses fruits sont des baies verruqueuses, appelées arbouses, pulpeuses à la maturité, et d'une saveur douce et sucrée avec un léger goût aigrelet. Elles sont réputées diurétiques.

On en tire par la fermentation une liqueur vigoureuse, dite

vin d'arbouse, et, par distillation, une eau-de-vie d'arbouse, préconisée comme stomachique et digestive.

Cette eau-de-vie se trouve en France dans le commerce; elle est importée surtout d'Italie, d'Espagne et d'Algérie.

En dehors de la région méditerranéenne, l'arbousier se cultive aussi comme plante d'ornement en orangerie, ou en pleine terre, à l'exposition du nord-est.

Le *cerisier* est répandu dans toute la France, aussi bien en

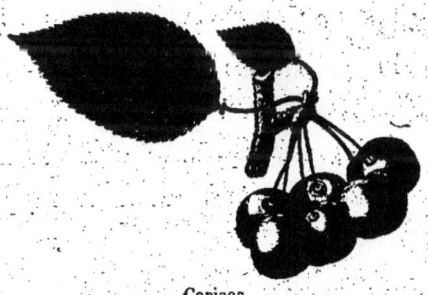

Cerises.

Picardie qu'en Languedoc, en Provence et en Lorraine. Le rivage de la mer semble moins favorable à sa végétation normale et à sa fructification.

Son habitat commence à la région de l'oranger et s'arrête à la limite géographique du chêne.

La disposition du branchage du cerisier et la nature de son fruit ont fait classer les variétés en quatre groupes : la cerise, la griotte, le bigarreau et la guigne.

Le cerisier est un arbre à branchage court et d'un port sphérique : son fruit est à chair douce et légèrement acidule.

Le griottier est un cerisier à branchage plus ou moins touffu, et résistant aux plus grands froids de l'hiver.

Le bigarreautier est un arbre vigoureux, élancé, productif, et qui réussit dans les sols arides.

Le guignier est un arbre assez élancé, intermédiaire entre le cerisier et le bigarreautier.

Nous allons donner quelques détails sur les principaux centres de production commerciale de la cerise.

La basse Bourgogne a promptement compris l'avenir réservé à l'importation du cerisier sur ses coteaux, d'autant plus qu'elle s'est attachée à la plus profitable des variétés, à la royale hâtive, si appréciée des Parisiens. Aujourd'hui, les cerisaies s'échelonnent sur l'ancienne route d'Auxerre à Avallon, couronnant les crêtes dénudées de la montagne ou garnissant les flancs abrupts où la vigne ne pourrait prospérer.

En Champagne, les friches pierreuses de la Marne, de l'Aube et de la Haute-Marne sont peuplées de cerisiers en buissons fournissant à foison la belle qualité dite anglaise.

Le Midi est naturellement bien favorisé. Bordeaux fait un commerce considérable de cerises. Le Languedoc a des bigarreaux, moins toutefois que la Provence, fertilisée par le soleil et l'eau.

Autour de Paris, dans un rayon assez étendu, l'exploitation du cerisier n'est pas négligée par le cultivateur, et sans compter Montmorency, le centre si apprécié des gourmets, plusieurs villages de Seine-et-Oise se font un joli revenu avec leur récolte de cerises.

Le cerisier dit « à kirsch » ou le merisier est une des

richesses de la Haute-Savoie, de la Meuse, des Vosges, du Jura, du Doubs et de la Haute-Saône.

On calcule qu'un merisier de vingt à trente ans peut produire de trente à soixante kilogrammes de fruits, estimés de vingt-cinq à quarante francs les cent kilogrammes. Ce prix descend à quinze francs dans les années d'abondance.

Un propriétaire du Jura a montré au jury du concours régional de 1876 un champ de deux hectares et demi planté de douze cents merisiers non greffés. La récolte du fruit exigeait quatre cents journées de femmes. Le produit annuel était de huit cents litres de kirsch, vendu de deux francs quatre-vingt à trois francs le litre.

A elle seule, la Franche-Comté produit annuellement douze mille hectolitres de kirsch.

Les merises les plus estimées sont la catelle, la pavillarde, la ragotive et la rouge douce.

Les plantations se font en massifs ou en lignes, dans les vallées ou sur le flanc des collines.

Dans notre étude sur la forêt, nous nous sommes occupé du *châtaignier* comme essence forestière; mais nous devons en dire quelques mots comme arbre fruitier.

Cultivé pour son fruit, le châtaignier doit être borné dans son accroissement en hauteur et présenter une belle tête arrondie et bien équilibrée. Les châtaignes se développant toujours vers l'extrémité des ramifications, il importe de laisser entre les arbres une distance assez grande pour que les branches ne se touchent point. Cette distance est variable, mais, en moyenne, elle ne doit pas être moindre de huit à dix mètres.

Lorsque les châtaigniers commencent à se couronner, on les rajeunit en recepant les branches à quelques centimètres du tronc, pour provoquer la sortie de nouvelles ramifications.

Considéré comme arbre fruitier, le châtaignier présente un grand nombre de variétés, ne se reproduisant que par la greffe

Châtaigne.

et différant entre elles par le port, la forme et la couleur du feuillage, la qualité, l'abondance, la précocité plus ou moins grande du fruit. On peut les grouper toutes en deux races principales : le châtaignier proprement dit et le marronnier.

Le marron diffère de la châtaigne par sa forme plus arrondie et sa saveur ordinairement plus agréable.

Il serait bien difficile de donner une nomenclature complète et exacte des variétés appartenant à l'une ou à l'autre de ces deux races : elles n'ont point reçu de noms scientifiques, et la même variété porte un nom différent dans chaque contrée où elle est cultivée.

Nous citerons seulement, comme les plus estimées à Paris, les variétés suivantes : parmi les châtaignes, la printanière, la verte du Limousin, l'exalade, la pantalonne, etc.; parmi les marrons, le marron de Lyon, le marron du Luc, le marron d'Aubray et le petit marron du Périgord, qui sont l'objet d'une exportation considérable.

La récolte des châtaignes a lieu en octobre. On peut les conserver fraîches pendant six ou sept mois en les stratifiant avec du sable, ou bien on les fait sécher et on les conserve ensuite dans un grenier en tas très peu épais.

Le marron est un aliment qui rend beaucoup de services, surtout aux populations des contrées pauvres et montagneuses.

Dans la Lozère, il remplace bien souvent la pomme de terre.

Dans l'alimentation des villes, il joue ordinairement un rôle accessoire, et il est plutôt considéré comme dessert.

On peut réduire le marron en une farine employée pour quelques préparations culinaires.

Enfin, les confiseurs recherchent beaucoup les marrons de Lyon pour la confection des marrons glacés.

Le *cognassier* appartient à la famille des rosacées et au groupe des pirées. C'est un arbre peu élevé, souvent rameux dès la base, aux feuilles ovales et aux grandes fleurs de couleur blanche ou d'un blanc rosé.

Ses fruits, bien connus sous le nom de coings, sont piriformes, jaunes, à odeur forte, et d'une saveur âcre toute particulière.

Le cognassier se rencontre à l'état sauvage dans les bois, au nord de la Perse, près de la mer Caspienne.

On le cultive beaucoup en Europe dans les jardins et dans les vergers. Ses fruits s'emploient fréquemment comme acidules et astringents. On en fait des marmelades, des sirops et des confitures.

Le coing était déjà en honneur chez les Grecs et chez les

Coing.

Romains. Les Grecs l'avaient dédié à Vénus et en décoraient les temples de Chypre et de Paphos.

Aujourd'hui, on cultive le cognassier dans deux buts : d'abord comme arbre fruitier pour l'obtention des coings, et ensuite comme porte-greffes de certains arbres fruitiers, notamment des poiriers.

Le *figuier* a une grande importance dans le midi de la France et dans toute la région méditerranéenne, où son fruit joue un rôle important dans l'alimentation et fournit la matière d'un commerce étendu.

Plus au nord, il perd beaucoup de son mérite et n'est plus l'objet, excepté à Argenteuil, que de cultures peu étendues et assujetties à de nombreuses précautions.

Même dans les pays où il acquiert tout son développement, il ne forme jamais qu'un arbre de taille moyenne à bois blanc et tendre et à grandes feuilles palmées. Les figues qu'il produit

Figues.

varient beaucoup de volume, de forme, de couleur et aussi de mérite. Fraîches, elles constituent un aliment très agréable, mais aqueux et peu nourrissant.

La dessiccation, les privant d'une grande partie de leur eau, les rend susceptibles d'une longue conservation.

La production des figues a lieu toute l'année dans les contrées où la température moyenne ne dépasse pas douze degrés centigrades ; mais, dans les pays plus septentrionaux, où le figuier perd ses feuilles pendant l'hiver, les figues ne se montrent et ne mûrissent qu'à deux époques de l'année, en été et en automne.

Dans le midi de la France et de l'Europe, on possède une si grande variété de figuiers que M. de Suffren en a décrit, dans une monographie citée par M. de Gasparin, trois cent soixante espèces. Mais il s'en faut que toutes ces variétés soient également recommandables.

Les meilleures figues sont, pour notre pays : la marseillaise ou figue d'Athènes, petite et arrondie ; la ragusaine, la doucette, la figue de Versailles et le col de Pignore des Roussillonnais. Ces variétés sont toutes blanches.

Parmi les figues grises, on considère comme les meilleures : l'observantine, la figue du Saint-Esprit et la mahonaise.

Parmi les figues noires : la bourjassotte noire, la mouissonne et l'embique noire.

Le *framboisier* est une plante ligneuse de la famille des rosacées, qu'on rencontre assez communément dans les bois à l'état sauvage. Le Morvan et les Vosges en offrent des quantités considérables.

Le framboisier préfère les milieux frais aux milieux arides, et sa végétation est bonne dans toutes les régions climatériques de la France, à l'exception de celles qui sont trop chaudes.

Par le fait d'une bonne culture et de soins entendus, on prolonge la durée du framboisier et on augmente la beauté et la qualité de son fruit ; mais on a l'habitude de le reléguer dans un coin : il s'y maintient, et c'est la preuve de sa vigueur native.

En le plantant à l'ombre, on empêche son fruit de tomber trop vite en décomposition. Cependant, la place des framboisiers est aussi bien dans un carré de jardin potager qu'auprès d'un mur de jardin, et il vit aussi bien sous les arbres du verger que dans un massif du parc.

Le framboisier est très abondant dans le Jura, les Vosges et les Alpes. Les framboises qui viennent de ces régions sont très parfumées et d'un volume souvent plus considérable que celui des framboises de jardins. Cela tient aux conditions des végétations. Le framboisier trouve, en effet, dans les forêts d'arbres résineux un terrain très meuble et riche, comparable à celui des jardins.

Les principaux centres de production de la framboise sont, aux environs de Paris : Argenteuil, Marly, Bougival, Verrières,

Framboises.

Bagnolet et Vincennes. En Bourgogne, Plombières-lez-Dijon ; en Lorraine, les environs de Metz.

On range les framboisiers en deux grandes classes : les framboisiers ordinaires, fructifiant une seule fois annuellement, et les framboisiers remontants, donnant deux récoltes.

Les uns et les autres ont produit des variétés à fruits gros, moyens, arrondis ou ovoïdes, rouges ou jaunes.

La framboise a une saveur douce, sucrée et parfumée; on la mange seule ou mélangée avec des fraises; mais leur plus grand usage est d'entrer dans la confection des confitures.

Le *grenadier* est originaire de la côte africaine de la Méditerranée. Il fut importé en Europe par les Romains, lors des guerres puniques.

Sa culture s'est répandue dans tout le midi de l'Europe, où il trouve une chaleur suffisante pour fructifier; dans la région occidentale, il ne peut être considéré que comme un arbre d'agrément au même titre que l'oranger : bien rarement on peut le conserver en pleine terre, et encore doit-il être abrité pendant les grands froids.

Grenade.

Le grenadier ne peut fructifier dans le centre de la France que s'il est cultivé en espaliers exposés au sud. Dans le midi, il peut végéter en plein vent.

Le grenadier, s'il est difficile pour le climat, ne l'est pas pour la qualité du sol. Les terres les plus sèches lui conviennent; mais il est beaucoup plus productif dans les terres substantielles et de consistance moyenne. Cet arbre se multiplie par semis, par marcotte et par greffe.

Par la culture, le grenadier a donné naissance à plusieurs variétés : la plus importante est le grenadier à fruits doux. On trouve, aux environs de Téhéran, une variété de grenadiers particulière, le grenadier à fruits sans pépins, qui produit des fruits aussi gros que ceux de la variété précédente, mais beaucoup plus agréables, car la pulpe n'est pas mélangée de pépins d'un goût fort désagréable, grave inconvénient de la grenade ordinaire.

Les grenades peuvent se conserver très longtemps ; leur pulpe est consommée assaisonnée de sucre, de vin ou de rhum ; on en fait aussi une gelée.

Le grenadier entrait dans les légendes et les cérémonies du culte des plus anciens Romains. Caton parle de ses propriétés vermifuges.

Selon Pline, les meilleures grenades venaient de Carthage.

Cet arbre était très commun chez les Hébreux. Il était connu sous le nom de *rimmon*, que portaient, à cause de lui, beaucoup de localités de la Palestine.

Le *groseillier* vient à peu près partout en France, et il n'est guère d'endroits où il ne puisse prospérer par sujets isolés ou en lignes, en plates-bandes, en carrés et en massifs.

Fort souvent, on le plante dans une place perdue : c'est une preuve de sa rusticité. Sous de grands arbres, il s'épuise vite, par l'effet du manque d'air et de l'envahissement des autres racines.

On cultive trois espèces de groseilliers : le groseillier épineux, qui produit les groseilles à maquereau ; le groseillier à grappes et le groseillier noir, ou cassissier.

Le groseillier épineux a donné naissance à deux variétés principales : le groseillier blanc et le groseillier rouge.

Le groseillier à maquereau est cultivé pour la table ; on

en fait quelquefois des confitures. En France, on l'estime peu : il n'en est pas de même en Angleterre, où ses fruits sont très appréciés.

On cultive deux variétés de groseilliers à grappes : le groseillier rouge et le groseillier blanc.

Les principaux centres du groseillier à grappes sont : aux environs de Paris, Saint-Denis, Sannois, Montmorency, Sceaux, Fontenay-aux-Roses, Verrières, etc.; dans le Nord, Lambersart, dans la Somme; dans l'Est, Bar-le-Duc; enfin, dans l'Eure et aux environs de Bordeaux.

Groseilles.

Les groseilles blanches sont plus douces que les groseilles rouges. Les unes et les autres sont consommées fraîches ou sous forme de confiture.

Dans certaines contrées, en Angleterre particulièrement, on en fait une boisson fermentée connue sous le nom de vin de groseilles et qui est assez agréable.

Le cassissier est uniquement cultivé pour la préparation d'une excellente liqueur, le cassis, que l'on obtient par l'infusion de ses fruits dans l'alcool.

Les cultures les plus importantes sont aux environs de Paris; en Bourgogne, dans la banlieue de Dijon; dans l'Aube; et, à l'étranger, dans les Pays-Bas et aux États-Unis.

L'industrie dijonnaise emploie annuellement, pour la fabrication du cassis, deux millions de kilogrammes de groseilles cassis, qu'elle achète, suivant l'abondance ou la rareté, de cinquante à soixante-dix francs les cent kilogrammes.

Le *néflier* croît spontanément dans l'Europe tempérée et dans la région du Nord. Il ne peut être cultivé en France que dans le Nord et le Centre, la grande chaleur lui étant très nuisible.

Il n'est pas exigeant pour le terrain, qui ne doit pas être trop sec ou trop marécageux. Cet arbre se multiplie par greffes faites sur l'aubépine, l'azérolier, le cognassier et le poirier.

Les nèfles se récoltent vers la fin d'octobre. Par la culture, on a obtenu quatre variétés de néfliers : le néflier à gros fruits, la meilleure variété ; le néflier à fruits monstrueux, le néflier précoce et le néflier sans noyau.

Le fruit ne peut être consommé à l'état frais, à cause de sa saveur très âpre ; il est nécessaire d'attendre qu'il *blessisse*.

Le *noisetier* est un arbre assez robuste dans la région du Nord, mais le climat moyen de la France lui convient mieux.

Dans l'Ouest, il est souvent à l'état de bordure en pleine campagne. Il pullule dans l'Est, où le sylviculteur l'utilise au boisement des taillis comme essence secondaire.

Le noisetier réussit en groupe, en plaine ou en montagne, sur le flanc des collines et sur le bord des fossés ou des étangs. Il aime les situations aérées, mais il semblerait avoir une prédilection pour les orientations moins visitées par le plein soleil. Sous bois, il devient un arbrisseau forestier de taillis utile à l'industrie et perd le caractère fruitier que nous tenons à lui conserver ici.

Dans le Var, près d'Hyères, il y a des plantations de noisetiers de Provence qui rapportent de huit cents à mille francs par hectare : c'est dire que la culture spéculative du noisetier a eu d'autant plus de succès qu'elle n'exige aucun frais de taille ni de dressage de l'arbuste. Dans le terrain dont nous parlons, la plantation est faite de cent à cent cinquante sujets par hectare, et à la cinquième année commence une récolte sérieuse.

Les noisettes sont envoyées à Paris fraîches au mois d'août, ou ramassées sèches en septembre, et vendues sur place aux négociants pour les confiseurs et les chocolatiers.

L'arbrisseau vit très longtemps grâce à une irrigation modérée.

La Sarthe et quelques contrées de la Vendée et de Bretagne ont des lisières de noisetiers qui séparent les héritages ou bordent les fossés et les chemins.

La ville du Mans exporte par an quatre mille hectolitres de noisettes.

Le commerce désigne les beaux fruits sous les noms de noisette du Piémont, noisette de Provence et aveline de Sicile.

On fait avec la noisette une huile très douce, qu'on prétend être excellente pour la conservation de la chevelure; et c'est d'un pharmacien très expérimenté que nous tenons ce détail, dont quelque lecteur pourra faire son profit.

L'*olivier* est devenu pour quelques botanistes le type d'une famille nouvelle, à laquelle ils ont donné le nom d'oléacées. Jussieu l'avait classé dans la famille des jasminées.

L'olivier se présente tantôt sous la forme d'un bâton rameux, tantôt sous celle d'un arbre d'aspect sévère. Son tronc peut acquérir jusqu'à deux mètres de circonférence.

L'olivier est originaire de l'Asie, et c'est de là qu'il s'est répandu en Afrique et dans le midi de l'Europe, où il s'est

Olives.

naturalisé. Une tradition constante attribue aux Phocéens, fondateurs de Marseille, l'introduction de cet arbre précieux dans la Gaule.

Aujourd'hui on le cultive dans huit départements français : les Basses-Alpes, le Var, les Bouches-du-Rhône, la Vaucluse, le Gard, l'Hérault, l'Aude et les Pyrénées-Orientales ; mais c'est aux approches de la mer, dont les émanations sont nécessaires à sa végétation, qu'on le cultive avec le plus de succès.

On remarque, en effet, et cette observation date des temps les plus reculés, que, commençant à dégénérer dès les premiers pas qu'il fait dans les terres, il dépérit et cesse de vivre à vingt lieues environ des côtes.

Peu d'arbres présentent autant d'espèces ou de variétés. Chaque localité a les siennes ; il faut s'attacher aux plus productives et aux mieux acclimatées, et on les obtient aisément par la greffe.

Dans les pays chauds, l'olivier est cultivé dans tous les terrains et sous toutes les expositions ; mais, plus au nord, il importe de choisir des coteaux exposés au midi et abrités, des terres douces, sablonneuses, facilement pénétrées par les eaux et réchauffées par les rayons du soleil.

Toujours couvert de verdure et ayant ainsi une sève permanente, l'olivier est plus sensible au froid que les arbres que l'hiver dépouille de leur feuillage et dont la végétation est alors suspendue. Difficilement il résiste à dix degrés Réaumur, surtout d'un froid humide et par un brusque changement de température.

Il souffre moins du froid dans les cantons où la terre est sèche, légère, aérée, et son fruit y est meilleur. Il végète avec plus de vigueur et devient plus grand dans une terre fraîche, substantielle, et il rapporte beaucoup plus de fruit ; mais ce fruit a moins de qualité, et l'arbre est plus sujet à la gelée.

Quelques années avant 1788, on a essayé d'arroser les oliviers, dans le pays situé entre Arles et Aix, au moyen d'un grand canal d'irrigation connu sous le nom de canal Boisgelin. Cette tentative eut des succès inouïs. En 1787, le produit en huile de ce canton excéda de trois cent mille francs celui d'une année commune avant l'irrigation, quoique l'huile de cette grande récolte fût inférieure à celle des années qui avaient précédé l'usage des arrosements. Mais de tels succès ne furent pas de longue durée ; le terrible hiver de 1789 survint ; il ne resta pas un seul olivier de tous ceux qui avaient été arrosés ; ils périrent jusque dans leurs racines. Depuis cette époque fatale, les oliviers ne sont plus arrosés en Provence. Un hiver d'une date plus ancienne et non moins funeste, celui de 1709, avait donné occasion de remarquer que l'olivier produit une immense quantités de racines qui se conservent en terre pendant plusieurs siècles. Des propriétaires de cette époque vendirent de ces racines pour plus que ne valait leur fonds. Ce fait est une conséquence de l'extrême longévité de l'olivier.

Un olivier venu de graine commence à donner quelques olives à l'âge de cinq à six ans, et ce n'est guère que vers la douzième année que sa récolte devient intéressante. Cette longue attente fait qu'il n'y a que quelques curieux qui sèment l'olivier en Provence. Les uns vont lever du plant dans les endroits vagues où les oiseaux ont laissé tomber le noyau des olives qu'ils ont mangées, le plantent en *olivettes* et le greffent quand il est devenu assez fort. Les autres, et ce sont les plus nombreux, le plantent par boutures et par marcottes.

La longue multiplication de l'olivier par boutures et par marcottes lui a fait perdre son port primitif et sa grandeur naturelle. Dans beaucoup de plantations, il ne s'élève plus qu'à une hauteur de quatre mètres environ, et sa tête est un hémisphère aplati.

L'olivier fleurit en avril dans toute la Provence, et assez souvent une partie de ses fleurs sont détruites par les gelées tardives. Les fruits les plus hâtifs mûrissent en novembre, et la cueillette se prolonge jusqu'en mars, quoique les fruits soient mûrs depuis décembre.

L'usage de laisser les olives sur les arbres ou tomber à terre longtemps après leur maturité paraît contraire à l'intérêt des propriétaires ; cependant il se maintient malgré tout ce qu'ont pu dire des écrivains autorisés.

Pour obtenir la meilleure huile possible, il faut cueillir les olives par un beau jour, lorsqu'elles ne sont qu'aux cinq sixièmes de leur maturité, les porter à la maison, les étendre sur un plancher sec ou plutôt sur des claies, afin qu'elles perdent leur eau de végétation et ne puissent pas s'échauffer ; et quand elles se seront ressuyées de cinq à huit jours, on les portera au moulin, où on les pressera sans écraser le noyau, car son huile et celle de l'amande sont inférieures à celle de la pulpe. Plus les autres manières de recueillir et de presser les olives s'éloignent de celle que nous venons d'exposer, plus l'huile qu'on en obtient devient inférieure.

Chaque variété d'olive donne une huile différente et en plus ou moins grande quantité : plusieurs des plus petites donnent la meilleure ; quelques-unes sont préférées pour confire ; d'autres le sont pour la plus grande quantité d'huile qu'elles contiennent.

On distingue toutes ces variétés au port de l'arbre, à la grandeur et à la couleur de ses feuilles, à la forme, à la couleur, à la grosseur et à l'époque de la maturité de ses fruits.

Quand on veut confire des olives, on les cueille avant leur

maturité, et, pour leur ôter une partie de leur amertume, on les soumet à une préparation dont le sel marin est la base. Quand on veut en manger de mûres, on les assaisonne avec du sel, du poivre et de l'huile.

Le *pêcher*, originaire des pays chauds comme la vigne, ne

Pêche.

vit bien que sous le climat du vignoble. Il est plus sensible à la température qu'à la nature du sol.

Les courants d'air froid, l'abaissement et l'instabilité de la température au printemps, les fréquents brouillards, sont contraires à sa floraison et à la saine végétation de ses branches.

Les coteaux bien exposés, les vallons où les variations atmosphériques se font peu sentir, sont les milieux qui favorisent sa rusticité en plein vent.

Le pêcher croît à l'air libre, en France, vers le Centre, l'Ouest, et le Sud dans toute son étendue. Il y a cependant quelques exceptions : ainsi, dans la Franche-Comté, aux portes de Besançon, le village de Beure possède sur un coteau des plantations de pêchers disséminées dans les vignes et dans les vergers.

En Savoie, le pêcher alberge, qui se reproduit naturellement, est cultivé commercialement dans quelques vallées abritées.

Le Dauphiné a la pêche de Syrie, dite de Tullins, nom du canton de l'Isère où elle a été propagée depuis longtemps.

Aux portes d'Hyères, il y a des plantations de pêchers qui rapportent, par pied d'arbre, cinquante kilogrammes de pêches.

Les plantations de pêchers dans la Crau d'Arles ont pris une telle importance que le marché de Salon, fort renommé, est devenu insuffisant.

Mais la pêche qui a toujours joui, dans le monde des gourmets, de la plus grande considération, c'est celle de Montreuil, qui a enrichi le pays dont elle porte le nom.

Montreuil, bien situé par le sol et l'orientation, a trois cents hectares de clos entourés de murs et consacrés à la culture du pêcher en espalier. Le produit brut de ces enclos est évalué à trois mille cinq cents francs environ par hectare, en ce qui concerne la pêche d'espalier. On raconte que Girardot, l'initiateur de la culture spéculative du pêcher à Montreuil, vendit à la ville de Paris, qui donnait une fête, trois mille pêches pour trois mille écus. Son fief de trois hectares, touchant à Montreuil et à Bagnolet, lui rapportait trente-six mille livres.

Le *poirier* est un bel arbre, qui croît naturellement dans

presque toutes les forêts de l'Europe, à tige grosse et droite, revêtue d'une écorce brune.

A l'état sauvage, il prend la forme pyramidale, et s'élève jusqu'à quinze et vingt mètres. Ses rameaux sont terminés par des épines; sa racine, pivotante, pénètre dans presque tous les terrains; il ne porte des fruits que tous les deux ou trois ans, mais alors il en est surchargé. Quoique ces petites poires sauvages soient fort du goût des vaches, la culture de l'arbre

Poire.

qui les produit serait une mauvaise spéculation, car il est des espèces cultivées dont la croissance est plus rapide, le rapport annuel, et les fruits plus doux et plus juteux.

Le poirier sauvage a le bois d'un grain très fin et très beau, il est facile à travailler. Jeune, il sert à former les greffes les plus durables.

Le poirier cultivé perd ses épines et se couvre de feuilles plus larges, mais aucune de ses variétés ne se reproduit par le semis. Il se reproduit par boutures, par marcottes et par greffes sur sauvageons, sur cognassier et sur épine.

Le poirier vit difficilement sous une latitude plus chaude que celle du midi de la France. En Algérie, il roussit et se dessèche sous le vent du désert. Ailleurs, vers le nord de l'Europe, les brouillards froids et permanents contrarient son existence.

Il faut, dans les contrées chaudes, tout en évitant les points visités par le mistral, planter le poirier sur le versant nord des collines et sur les plateaux où le vent circule librement; tandis que, dans les localités froides, on le placera sur les coteaux frappés par le soleil, dans les gorges où l'air et la chaleur se rencontrent, dans les plaines assez hautes pour n'avoir pas à craindre une humidité stagnante.

La période de la maturation des poires commence en juin pour finir au printemps de l'année suivante : c'est dire combien est considérable le nombre des variétés cultivées. Elles se divisent en trois groupes : les poires d'été, d'automne et d'hiver.

La poire d'été ne manque pas d'attrait pour le consommateur et pour le vendeur, mais elle passe vite et peut blettir. Les meilleures poires d'été sont : le beurré d'Amanlis, l'épargne, le doyenné de Mérode, le rousselet, l'André-Desportes, le Blanquet, la William, la Monsallard, etc.

En principe, on peut dire que la poire est un fruit d'automne : c'est la saison où mûrissent les fruits les plus délicats. Les meilleures poires d'automne sont : la duchesse d'Angoulême, le beurré Dial, le doyenné du comice, le beurré gris doré, le doyenné blanc et la crassane.

La poire d'hiver a l'inconvénient de réclamer un fruitier conservateur, et il devient difficile de tirer parti d'une foule de sujets détériorés et meurtris. Les meilleures variétés sont :

la nouvelle Fulvie, le beurré d'Hardenpont, le doyenné de Montjean, la Saint-Germain d'hiver et le bon-chrétien.

Les poires d'hiver offrent cet avantage au spéculateur qu'il aura constamment des débouchés dans les pays du nord de l'Europe, où la restriction des jours de chaleur en interdit la culture.

Le *pommier* est un arbre vigoureux, à écorce brune, rousse

Calville blanc.

ou rougeâtre, souvent piquée de points blanchâtres sur les jeunes rameaux. En vieillissant, l'épiderme se déchire, tombe par petits morceaux de forme irrégulière et de grandeur variable, entraînant avec lui les parasites de la famille des mousses ou des lichens qui croissent abondamment sur le pommier cultivé.

La majeure partie des auteurs pensent que le nom botanique du pommier vient du mot grec qui signifie pomme ou pommier, et dont les Latins ont fait *malus*. Il est bon de ne pas adopter sans réserve cette étymologie, qui est plus que douteuse; car tous les fruits, même les glands doux, étaient désignés et souvent confondus dans le même nom par les vieux Hellènes.

Mahomet place une pomme à la droite du Tout-Puissant. La mythologie en fait figurer dans ses allégories.

En Perse et en Grèce, la pomme faisait obligatoirement partie de tout festin nuptial.

Solon rendit une loi pour en restreindre l'usage, et Virgile en a consacré l'existence en Italie.

L'Afrique paraît aussi avoir possédé le pommier ; on a prétendu même que c'est de là qu'il fut introduit en Espagne par les Maures, et que les Normands l'auraient rapporté de ces contrées pour le planter chez eux. C'est une erreur : il est également faux que le pommier soit originaire de la Médie, et qu'il ait été importé en Europe par l'Italie.

Si le pommier était venu d'Orient en Occident, ce n'est pas dans le Nord que nous le verrions réussir le mieux : les bords de la Méditerranée sont déjà trop chauds pour lui.

Tout ce que l'histoire nous apprend sur les *pommes de l'Antiquité* ne nous paraît pas se rapporter aux fruits du pommier que nous connaissons, et voilà la source de toutes les erreurs.

Le *malus aurea* des Latins, par exemple, n'est pas un pommier, mais un oranger. Nous croyons donc devoir contester aux pays méridionaux l'honneur d'avoir doté les contrées septentrionales d'un arbre que l'on y trouve encore aujourd'hui à l'état sauvage, et qui y est si bien naturalisé que les hivers les plus rigoureux n'ont aucune influence sur sa végétation, pas même sur celle des jeunes pousses que vient surprendre un froid de plusieurs degrés.

Est-ce qu'il en est ainsi chez le pêcher, qui nous vient de la Perse, chez l'abricotier, dont nous sommes redevables à l'Arménie, tandis que le pommier résiste à toutes les intempéries des saisons, comme s'il voulait revendiquer avec orgueil la qualité de Français qu'on lui a injustement contestée, car les faits sont là pour le prouver ?

Parcourons les bois de la Normandie, de la Bretagne, les forêts du centre de la France : nous y trouverons le pommier à l'état sauvage ; et c'est aussi dans ces mêmes pays qu'une culture habile et raisonnée nous montre cet arbre dans toute la plénitude de sa beauté ; c'est là que, mêlé à toutes les cultures, il donne aux champs et aux prairies cet aspect riant et enchanteur devant lequel tout ce que le génie du poète a pu dire à son sujet est réellement au-dessous de la vérité, soit que l'on admire l'arbre alors qu'il étale au printemps ses blanches corolles délicatement rosées, ou qu'à l'automne, lorsque, pliant sous le fardeau de ses fruits de toutes couleurs, mais où domine presque toujours une teinte empourprée du plus riche effet, il offre au cultivateur un aliment agréable, sain, de facile digestion, soit cru, soit cuit, réduit en marmelade ou en gelée, que les ménagères savent présenter sur la table sous toutes les formes.

Mais les fruits du pommier procurent à l'homme une bien plus grande satisfaction et des jouissances infiniment plus nombreuses et plus durables quand, après avoir été emmagasinés pendant quelques semaines, durant lesquelles ils acquièrent ce parfum délicat qui accuse leur parfaite maturité, il les porte au pressoir, les écrase et en extrait ce jus délicieux, cette boisson saine et fortifiante, le cidre, auquel le rusé Normand doit sa santé, sa vigueur et cette force athlétique qui le caractérise.

On peut classer les espèces et les variétés de pommiers en deux catégories très distinctes : celle à fruits doux ou amers, qui appartient à la grande culture, et celle à fruits légèrement acidulés, qui appartient aux vergers et aux jardins.

La pomme est le fruit populaire de consommation, de commerce, de marché. Le travailleur, le voyageur, le chasseur, l'écolier, qui emportent des provisions, choisiront la pomme de préférence ; et la ménagère la met en première ligne dans ses approvisionnements.

Le spéculateur n'hésite pas à acheter une récolte complète ou un chargement considérable de ces fruits, et à Paris, pendant que l'on ne voit plus les doux produits de nos arbres que chez les marchands de primeurs et de fruits à prix inabordables, on peut voir, le long de la Seine, des bateaux remplis de pommes, qui procurent à bien peu de frais un peu de jouissance aux plus déshérités.

Le *prunier* est un de nos arbres fruitiers les plus rustiques. La qualité du sol lui importe peu, il vient et fructifie un peu partout. Cependant, il préfère les terres légèrement humides et le climat tempéré qui convient à la vigne.

En France, on le rencontre surtout dans les régions du Nord-Est, de l'Ouest et du Sud-Ouest. Cet arbre est presque toujours cultivé en plein vent. On le multiplie par semis, par boutures et surtout par greffes.

Le nombre des variétés de prunes est considérable ; nous citerons les meilleures. Nous trouvons d'abord, parmi celles

La Récolte des pommes, tableau de Ch. Jacques.

cultivées pour la table, la reine-Claude, la mirabelle précoce, la petite mirabelle, le damas violet et la mirabelle tardive.

Les principaux centres de production de prunes de table, particulièrement de reine-claude sont : les environs de Bar-sur-Aube, Sainte-Menehould, Vitry-le-Brûlé, dans la Marne; Beaurieux, dans l'Aisne, et Condé aux environs de Meaux.

La mirabelle est aussi un très bon fruit, que l'on consomme beaucoup plus sous forme de conserves et dans la pâtisserie que frais. On la cultive en grand dans le nord-est de la France, en Champagne, en Lorraine, en Franche-Comté. A Lunéville et à Metz, ce fruit a donné lieu à l'industrie des fruits confits. Les mirabelles de Metz ont une grande réputation.

Les variétés de prunes qui sont destinées à être séchées sont: la quesche hâtive, d'un violet noir; la prune d'Agen, rose violacé; la prune de Sainte-Catherine, d'un ton jaune, et la quesche d'Allemagne, d'un violet pourpre.

Les pruneaux sont des prunes conservées par la dessiccation. On produit les prunes à pruneaux et on prépare les pruneaux un peu partout, mais quelques régions ont tout spécialement la réputation de ce genre de conserves : en France, les pruneaux de Tours et d'Agen sont particulièrement renommés.

Voici les soins que demande cette préparation. Les prunes destinées à cet usage appartiennent à la variété de Sainte-Catherine; on choisit les plus belles et les plus jaunes et on les expose sur des claies, pendant plusieurs jours, au soleil, en ayant soin de ne pas les presser les unes contre les autres.

Quand les prunes deviennent molles, on les porte dans un four chauffé à soixante degrés environ, et on les y laisse pendant vingt-quatre heures. Après cette première dessiccation à la chaleur artificielle, on leur en fait subir une seconde à la température de quatre-vingts degrés, puis une troisième à une température plus élevée encore, après avoir retourné les fruits.

Les prunes retirées du four se durcissent par le refroidissement; lorsqu'elles sont sufffisamment fermes, on les comprime, et on les arrondit en tournant le noyau de travers. Cette manipulation terminée, on chauffe une quatrième fois à une température voisine de cent degrés, pendant une heure; on les retire, pour les introduire de nouveau dans le four, deux heures après, alors que sa température se sera abaissée. Cette dernière exposition à la chaleur dure vingt-quatre heures.

Les pruneaux, quand ils sont refroidis, sont emballés dans des paniers spéciaux ou dans des boîtes, aussi serrés que possible les uns contre les autres. Cette condition est nécessaire pour leur bonne conservation.

Dans le département du Var, à Brignoles particulièrement, on prépare une sorte spéciale de pruneaux, connue sous le nom de *prunes fleuries*.

L'espèce choisie est le perdrigon violet prune, de forme presque ovoïde, à épiderme violet foncé, taché de jaune, à chair verdâtre et douce, n'adhérant pas au noyau.

La préparation de ces pruneaux est facile; les fruits, après avoir été plongés dans l'eau bouillante pendant quelques instants, sont bien égouttés sur des claies, puis exposés au soleil. De cette façon, ils se recouvrent, en séchant, d'une sorte de poussière blanche leur donnant l'aspect spécial qui leur a valu leur nom.

Aux environs de Digne, on prépare des pruneaux connus sous le nom de pistoles. Ils sont obtenus avec des prunes pelées et enfilées sur des baguettes au lieu d'être exposées sur des claies pour la dessiccation. Celle-ci, qui se fait à la chaleur du soleil, dure quatre à six jours. Cette opération terminée, les prunes sont fendues sur le côté pour en retirer le noyau, et de nouveau séchées sur les claies. Lorsque les pistoles sont arrivées au point voulu, on les aplatit et on les emballe dans des boîtes, qui sont conservées soigneusement à l'abri de l'humidité.

Enfin, les environs d'Agen ont une spécialité de pruneaux connus dans le commerce sous le nom de *pruneaux d'Agen*.

La variété qui sert à leur préparation est la prune robe-de-sergent ou *prune d'ente* : c'est un fruit oblong, renflé vers le milieu, violet rouge d'un côté, violet rose de l'autre, parsemé de petits points, tantôt blancs, tantôt noirs. La chair est jaune, très sucrée et parfumée ; le noyau est ovale, aplati et peu adhérent. Cette variété mûrit dès le commencement d'août. Aussitôt après la récolte, qui doit se faire avec beaucoup de précaution, pour ne pas détériorer les fruits, ceux-ci sont étendus sur un lit de paille ou sur des claies, où on les laisse sécher pendant deux jours au soleil. La dessiccation est complétée au moyen de trois cuissons successives au four, ou mieux dans des étuves spéciales. La première opération se fait à la température de quarante-cinq à cinquante degrés ; la seconde, entre soixante-neuf et soixante-dix ; enfin la troisième, entre quatre-vingts et cent degrés.

Les pruneaux, pour être bien préparés, doivent avoir la peau ferme et luisante, et par pression entre les doigts laisser sortir une pâte malléable et élastique ; l'amande du noyau doit être cuite.

Les prunes d'Agen sont consommées à l'état de pruneaux, et le premier choix seulement est livré aux confiseurs, qui les transforment en prunes confites ou en pâtes. Elles sont expédiées en caisses ou en boîtes métalliques.

La *vigne* est généralement regardée comme originaire de l'Asie. Osiris, Bacchus, Noé, passent, dans l'Antiquité, pour en avoir appris la culture aux hommes.

De l'Asie, elle paraît avoir été apportée en Grèce, de là en Italie, et successivement à Marseille et dans les Gaules.

La vigne appartient également au nouveau monde; mais, lors de la découverte de Christophe Colomb, elle n'y était connue qu'à l'état sauvage.

La France est, sans contredit, le pays le mieux partagé pour la culture de la vigne; ses produits ont une renommée aussi étendue que méritée sur tous les marchés de l'univers. Il est des contrées, sans doute, autres que la France qui produisent la vigne, mais aucune ne compte autant de variétés. Depuis les ceps qui donnent les vins les plus recherchés jusqu'à ceux qui fournissent le vin grossier destiné à produire l'alcool, elle les possède tous, et tous en abondance; et cette abondance serait bien plus considérable encore si le gouvernement comprenait toujours les véritables sources de la fortune publique et s'il encourageait, au lieu de les entraver, les efforts des propriétaires viticoles.

Cet encouragement, que l'on a le droit de réclamer avec insistance, serait d'autant plus important qu'avec l'esprit d'activité qui s'empare aujourd'hui de tous les peuples, il faut regarder comme très heureux ceux qui possèdent des avantages naturels excluant toute concurrence sérieuse. Ce privilège, nous le possédons largement pour la vigne.

La zone la plus favorable à la culture de la vigne se trouve être de 35° à 5° de latitude. En effet, dans cet espace se trouvent renfermées les contrées les plus renommées par leurs vigno-

Vigne.

bles : la France, l'Espagne, le Portugal, les Canaries, la Grèce, l'Italie et la Hongrie.

Il est cependant une exception à cette règle que nous devons noter : c'est celle que nous fournit le cap de Bonne-Espérance. Quoique sous 24° de latitude, les vignobles de Constance donnent des vins très justement appréciés.

Plus au nord que la zone que nous venons d'indiquer, la

vigne donne beaucoup de feuillage, mais peu de grappes, et encore ces grappes ne mûrissent-elles que rarement. Plus au midi, la vigne, en continuelle végétation, rend la taille régulière impossible, et, par suite, le fruit n'a ni la saveur ni la beauté, qualités heureuses des contrées tempérées.

Il n'est pas indifférent, même sous une latitude favorable, de choisir les localités pour planter la vigne : l'exposition du levant et celle du midi sont regardées comme les plus heureuses. Dans les contrées les plus méridionales, cependant, l'exposition au midi offre des inconvénients : les rayons d'un soleil trop ardent, joints à la chaleur de la terre, y brûlent le feuillage et le fruit. L'exposition du levant favorise, de son côté, les effets des gelées du printemps.

On n'attend pas de nous une étude sur la vigne : les moins complètes dépassent le volume de ce livre.

Avons-nous besoin de dire qu'il existe un nombre incommensurable de variétés de vignes? Les unes sont utilisées seulement pour donner des raisins de vendange, dont quelques-uns servent aussi pour la table; d'autres sont uniquement cultivées pour ce dernier objet.

On cultive un peu partout ces dernières; et si on le fait dans de bonnes conditions, on obtient d'excellents produits. Quelques localités sont arrivées à un haut perfectionnement dans la production des raisins. Nous citerons tout particulièrement les environs de Paris et l'arrondissement de Melun, dans Seine-et-Marne.

Les raisins précoces nous arrivent d'Algérie, où l'on a tout avantage à encourager cette culture, et d'Espagne.

Les raisins les plus appréciés sont produits dans la petite

localité de Thomery, près de Fontainebleau. L'origine des treilles de Thomery ne remonte pas à une époque bien éloignée. En 1730, le *chasselas* de Fontainebleau, le plant typique, n'existait que dans les jardins du château, et ce fut François Charmant qui le premier planta alors une treille à Thomery; encore dut-il en demander l'autorisation, qui ne lui fut accordée qu'à la condition de laisser dans le mur un passage pour la chasse du roi. Sa plantation prospéra, le raisin se vendit bien, et peu à peu François Charmant eut des imitateurs. Mais ce ne fut qu'au commencement de ce siècle que la culture prit de grands développements. Aujourd'hui elle occupe une superficie de deux cents hectares à Thomery, et chaque année elle s'étend dans le pays même et dans les communes voisines.

Depuis un certain nombre d'années, la culture forcée des raisins a pris de grandes proportions.

Cette industrie, très lucrative, a pris naissance en Angleterre, où il existe depuis longtemps des serres destinées uniquement à la culture de la vigne, et s'est introduite ensuite en Belgique et dans le nord de la France.

Les serres de Roubaix, tout particulièrement, ont été construites il y a cinq ans : elles ont la surface d'un hectare en pleine production, et, l'hiver de 1891, on comptait plus de deux cent mille grappes. Enfin, l'importance de la culture forcée en Belgique montre d'une façon éloquente qu'il y a tout lieu d'encourager cette industrie chez nous.

Ce chapitre sur les fruits de France serait trop incomplet si nous ne disions quelques mots sur les maladies, les parasites et les ennemis des arbres fruitiers.

Les maladies générales qui peuvent atteindre les arbres fruitiers s'appellent la jaunisse, la brûle, le chancre, la gomme, la cloque, etc.

La jaunisse, qui tire son nom de la couleur des feuilles de l'arbre malade, est provoquée par un excès d'humidité ou par un excès de sécheresse. On combat l'humidité par le drainage, et la sécheresse par l'amélioration du sol.

Avec la brûle, les jeunes pousses deviennent brunes et paraissent roussies.

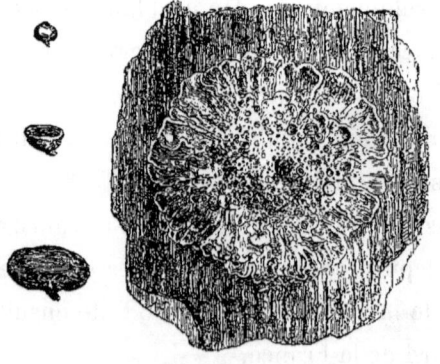
Lichen.

Le chancre de la tige ou des branches doit être cerné à la serpette, raclé au vif, puis recouvert d'un liniment onctueux.

La gomme, qui est une extravasation de la sève dans les espèces à noyau, s'enlève facilement avec une spatule, par un temps humide.

La cloque, plus spéciale aux pêchers en espalier, est la conséquence d'une température froide succédant à la chaleur. Les abris et le chaperon des murs en atténuent les effets.

Les principaux parasites des arbres fruitiers (nous parlons

ici des végétaux) sont : le gui, qui doit être extirpé minutieusement ou coupé radicalement à sa naissance ; les mousses et les lichens, qui s'implantent sur l'écorce de la tige et des branches ; et le blanc, un cryptogame qui s'attache de préférence aux rameaux et aux feuilles.

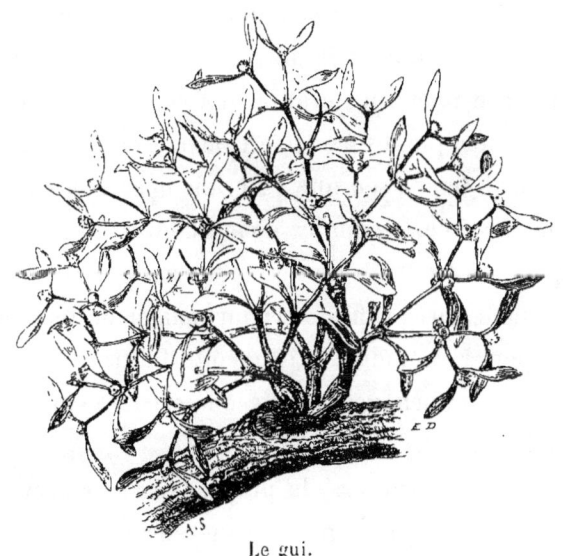

Le gui.

Les animaux nuisibles sont, d'abord, les lièvres et les lapins, qui viennent se réfugier dans les jardins et brouter l'écorce des arbres; les loirs et les lérots, qui courent, la nuit, sur la crête des murailles et dévorent les poires, les pêches et les raisins; les rats, souris et mulots, qui sont surtout dangereux dans le fruitier ; les limaces et les escargots, qui lèchent les jeunes pousses des végétaux et détériorent les fruits qu'ils ont touchés; et enfin, parmi les insectes, toute la légion des guêpes et des fourmis, toute la tribu des pucerons, des kermès, des charançons, des vers blancs et surtout des hannetons.

Quand le fruit a échappé à tous ces fléaux, il faut le cueillir et, au besoin, le conserver.

Il n'y a guère que la pratique qui puisse déterminer le moment opportun pour opérer la récolte des fruits : ce moment change suivant les variétés, les années et le climat.

Les fruits ne peuvent être cueillis lorsqu'ils sont couverts de rosée ou d'eau de pluie : ils absorbent en partie cette humidité, qui cause une transpiration d'abord et une décomposition ensuite, lorsque les fruits se trouvent en contact.

C'est par un temps sec que l'on doit opérer la cueillette et, autant que possible, de quatre à cinq heures du soir.

La cueillette des fruits doit être faite par des ouvriers lestes, prudents et de force suffisante pour manier de longues échelles, sans porter préjudice à la récolte future en cassant les extrémités des branchages, qui se composent, en grande partie, de boutons à fruits.

Dans les pays à vergers, le propriétaire se réserve le droit de désigner les ouvriers que l'acquéreur de la récolte sera obligé d'employer.

Ces fruits sont cueillis un à un à la main et doucement posés, sans les entasser, dans des mannettes plates dont le fond est garni de foin ou de regain. On les met ensuite dans une pièce aérée avant de les porter à la fruiterie, s'ils sont destinés à la conservation ; mais cette condition d'aération n'est pas de rigueur pour les fruits vendus à l'avance et qu'on emballe à mesure qu'on les cueille.

La conservation des fruits à l'état frais, les raisins exceptés, n'est vraiment intéressante que pour les pommes et les poires tardives ; que ce soit pour les besoins du ménage du producteur ou du consommateur, ou en vue du commerce et de la spéculation, les fruits paraissent d'autant plus délicieux et acquièrent d'autant plus de valeur qu'on parvient à les conserver ou à les vendre plus tard. Les fruits doivent être étendus sur la paille dans un endroit sec et couvert, où on les laisse se ressuyer pendant quatre ou cinq jours. Tout fruit meurtri doit

Loir lérot.

être écarté, car il gâterait ceux qui l'entourent dans une fruiterie. Celle-ci est un local, une cave, un entresol ou une chambre, peu importe, dès l'instant que c'est un endroit couvert et fermé, sec, obscur, où règne une température de cinq à huit degrés centigrades, où l'aération est possible, où enfin il y a suffisamment de place pour qu'on ne soit pas obligé d'entasser les fruits.

En effet, l'humidité, la chaleur et la lumière sont trois agents qui provoquent la maturation et la décomposition des fruits ; la gelée, de son côté, tient la maturation stationnaire, et finit même par détruire les qualités de la chair. Des murs épais, des volets et des abris aux fenêtres, des paillassons ou des couvertures devant ou derrière les portes, sont les moyens employés pour obtenir à cet égard un bon résultat.

Quant à l'aménagement intérieur d'une fruiterie, on doit viser à y loger le plus de fruits possible, sans toutefois qu'ils exercent aucune pression les uns sur les autres. A cette fin, on superposera de trente en trente centimètres des tablettes à jour construites avec du bois dur ou tout au moins poreux et peint. La largeur de ces tablettes sera de cinquante à soixante centimètres, pour permettre d'atteindre et d'examiner les fruits du fond.

Afin de combattre l'excès d'humidité provenant des murs, du sol et même de la transpiration des fruits, — ce qui provoque parfois un goût de moisi, — on peut donner de l'air chaque fois que la température extérieure est sèche et n'est pas au-dessous de zéro.

L'emballage des fruits pour leur expédition au loin est une opération délicate qui demande de grands soins.

Les fruits à chair molle, lorsqu'on veut leur faire subir un transport assez long, doivent être cueillis un peu avant leur complète maturité ; dans ces conditions, ils sont encore assez fermes pour ne pas être contusionnés pendant le voyage. Mais leur maturité doit cependant être assez avancée pour pouvoir se compléter en peu de jours. On enveloppe les fruits et on les isole par une matière assez souple pour ne pas causer des meurtrissures : du papier de soie, des rognures de papier fin, par exemple. Les fruits doivent être renfermés dans des caisses en bois blanc, très légères, d'une hauteur telle qu'on ne puisse y disposer qu'un seul rang de fruits, deux au maximum. Ces caisses doivent être assez complètement remplies pour qu'il ne se produise pas de tassement pendant le transport.

Les pêches ne doivent former qu'un seul lit. Le fond et les côtés de la boîte sont garnis de rognures de papier; les fruits sont enveloppés de feuilles de vigne et placés les uns à côté des autres, aussi rapprochés que possible. On achève le remplissage de la boîte au moyen de rognures de papier.

Les abricots, les prunes, les cerises, sont emballés de la même manière, mais dans chaque boîte on peut placer plusieurs lits, en les séparant par une couche de rognures de papier. Bien souvent même on se dispense de cette précaution.

A Thomery, les raisins de choix sont emballés de la manière suivante : les grappes, bien débarrassées des grains gâtés, sont placées une à une dans des boîtes en bois blanc, dont le fond et les côtés sont garnis de papier. Chaque boîte renferme un kilogramme cinq cents grammes de raisin.

Pour les raisins de deuxième choix, on se contente de les emballer dans de petits paniers garnis de fougère et de papier, aussi serrés que possible. Il convient, dans ce cas, de ne laisser aucun vide.

Les fruits à chair ferme, tels que les pommes et les poires, sont expédiés dans des caisses ou des paniers d'une grandeur telle que le poids total ne dépasse pas vingt kilogrammes. Le fond et les côtés sont garnis de foin, et l'on dispose les fruits par lits très serrés et séparés entre eux par une couche de rognure de papier.

Les fruits ayant une valeur commerciale moindre sont empilés dans des caisses ou des paniers garnis de paille ou de foin.

On a cherché à conserver les fruits par le froid, comme on le fait pour la viande. Les résultats obtenus laissent à désirer. Les fruits, même les plus délicats, conservent leur belle apparence, mais leur parfum se perd presque complètement.

M. Salomon en fit le premier l'essai, il y a sept ou huit ans; mais il a renoncé à ce procédé peu satisfaisant, qui a été repris par les Anglais pour le transport des fruits de leurs colonies, et particulièrement de la Nouvelle-Zélande. Il est douteux cependant que cette importation puisse faire un jour une concurrence sérieuse à la production européenne.

UNE PHARMACIE DANS LES CHAMPS

LA SANTÉ PAR LES PLANTES

En étudiant la plupart des plantes, on a découvert qu'elles possédaient presque toutes le secret de guérir un mal et de calmer une douleur.

Parisiens ou provinciaux, dès qu'un beau jour s'annonce, la campagne nous charme et nous attire. Profitons-en pour cueillir les remèdes qui poussent à nos pieds, dans les taillis verdoyants ou dans les prés fleuris. Profitons-en, car de toutes les pharmacies, la pharmacie des champs est encore la moins chère.

*
* *

En célébrant les vertus des plantes, j'ai voulu apporter un document indispensable aux archives du foyer. Puisse-t-il y rester bien longtemps, car la somme de services qu'il représente est le résultat des observations judicieuses des médecins et des naturalistes les plus éminents. J'ai eu l'orgueil d'y joindre les miennes ; mais soyez tranquilles, je ne les ai enregistrées qu'après un minutieux contrôle.

* *
*

Certes, j'aime Paris, comme doivent l'aimer les artistes et les poètes, et cependant je ne l'ai jamais quitté sans éprouver une indicible joie. Pourquoi cela ? D'abord, parce que j'avais l'espoir d'y revenir ; ensuite, parce que j'avais à peine franchi ses remparts, que je me trouvais dans mes champs bien-aimés, en face de la nature toujours belle à mes yeux, soit qu'elle étende à perte de vue ses plaines riantes, soit qu'elle barre l'horizon par une longue chaîne de vertes collines.

Mes courses interminables à travers les landes, les prairies ou les bois avaient un but louable : je voulais rapporter à nos ménagères une étude intéressante et pratique sur un monde qui me ravit autant que celui des étoiles, le monde infini des plantes !

Oui, j'avais l'ambition de composer un tout petit traité de botanique médicale, c'est-à-dire de présenter à mes lecteurs tous les végétaux qui vivent sous le grand ciel d'azur, d'où descendent les brises qui les caressent. Je tenais surtout à faire suivre leurs noms des titres qui les recommandent à l'estime d'une maîtresse de maison, à dresser enfin la liste de leurs qualités curatives, qualités reconnues même par la Faculté.

En obéissant à de telles préoccupations, j'écrivais, sans m'en douter, un opuscule moral. Un ancien adage affirme qu'une âme saine ne peut habiter qu'un corps sain.

En contribuant à fortifier le corps, je donnais donc à l'esprit un plus vigoureux essor. Si je ne me suis pas trompé, comme je serai récompensé des rhumes cueillis dans les forêts silencieuses, les jours où la pluie ruisselait sur mon front, sans refroidir en aucune sorte mon beau rêve de vulgarisateur !

* *
*

La botanique, a dit Fontenelle, ne serait qu'une simple curiosité, si elle ne se rapportait à l'art de guérir; et quand on veut qu'elle soit utile, c'est la botanique de son pays qu'il faut étudier.

J'épargnerai à mes lectrices l'ennui d'une classification. Je laisserai à d'autres le soin d'enseigner les genres, les familles et les espèces.

Que nous importe de savoir, a dit un auteur, que la mauve est de la famille des malvacées, que l'ortie blanche est une labiée, et que le cresson des fontaines est de la grande série des crucifères ? Ce qu'il est nécessaire d'apprendre, ce sont les qualités médicinales de la mauve, de l'ortie blanche et du cresson. Le reste est du domaine des savants.

Je vais donc passer en revue les principales plantes de nos climats, et j'en profiterai pour énumérer leurs vertus respectives.

Cela dit, je commence, par lettre alphabétique, naturellement, car les fleurs ont aussi leurs préséances, et il me serait bien dur de froisser une rose, même en faveur d'un lis.

※
※ ※

L'*absinthe*, dont on fait sécher les fleurs, est un utile fébrifuge, surtout dans les pays marécageux. Seule ou additionnée de sel marin, c'est un excellent antiseptique des plaies et ulcères, qu'elle cicatrise promptement. Je vous l'abandonne comme muse verte. Sous ce nom poétique, elle verse par gradation l'extase, l'oubli, l'abrutissement et la folie.

L'*angélique*, qui doit son nom à l'odeur divine de ses feuilles, a des propriétés stimulantes et énergiques. L'infusion se prépare avec une once de racine dans un litre d'eau. C'est sur les montagnes qu'il faut aller la cueillir : là seulement elle est en possession de toutes ses vertus.

L'*anis* est un remède efficace contre l'atonie de l'appareil digestif.

L'*ail*, qui passait autrefois pour éloigner les maléfices, et qui n'éloigne aujourd'hui que les Parisiens, est un vermifuge apprécié.

L'*alléluia* ou *oxalique,* abondante dans les lieux ombragés, répare certains désordres de la digestion. Toujours sous forme de tisanes, c'est un actif antiscorbutique.

L'*armoise,* ou *herbe de la Saint-Jean,* aime les ruines comme un archéologue accompli. Avec les sommités qu'on recueille et qu'on fait sécher, on prépare une infusion tonique et stimulante.

La *belladone,* qui croît le long des haies, est le remède par excellence contre les névralgies; les asthmatiques lui doivent un moment de répit, et les médecins oculistes s'en servent pour la guérison des ophtalmies.

La *belle-de-nuit,* dont les fleurs ne s'ouvrent qu'au crépuscule, est employée avec succès dans les cas d'hydropisie simple et de rhumatismes chroniques.

Le *bouleau,* dont on a appelé les verges le sceptre du maître d'école, produit des bourgeons qu'on utilise dans les maladies de la peau.

La *bourrache* contient, au moment de la floraison, un mucilage épais dont les qualités émollientes apaisent l'inflammation.

Le *buis,* ce laurier de nos distributions des prix, a une grande action dans les fièvres intermittentes. Le docteur Saffray, qui a fait un bon livre sur les remèdes des champs, raconte que le buis a joui longtemps, en Allemagne, d'une grande réputation, mais sous un nom supposé. Un homme possédait un remède secret pour la guérison des fièvres, et l'on citait par centaines ses cures authentiques. Le bruit en vint jusqu'à la cour, et Joseph II acheta le précieux secret pour le prix de quinze cents florins. Son but était de vulgariser, en la publiant, une découverte si utile. Mais quand on sut que le fameux remède n'était que du buis vulgaire, le prestige s'évanouit.

La *busserolle,* ou *arbousier traînant,* produit une écorce, des feuilles et des fruits astringents et particulièrement diurétiques.

La *camomille* est stimulante et antispasmodique. Prise en infusion, elle remédie aux accidents nerveux ; mélangée aux bains des enfants débiles, elle offre un puissant concours.

La *capillaire,* qu'on rencontre dans tous les endroits humides, est un médicament généralement adopté dans les affections de poitrine.

La *capucine,* dont la fleur a la singulière faculté de lancer des étincelles, n'est pas seulement une salade recherchée, c'est encore un stimulant, et on l'utilise dans les cas de scrofules et de scorbut.

Le suc du *cerfeuil* est efficace comme application externe dans les ophtalmies.

C'est du *chanvre,* qui nous vient de l'Inde, qu'on extrait le haschish, dont les Orientaux abusent pour se procurer les plus dangereuses ivresses. Nous nous contenterons de l'infuser et de nous en servir comme diurétique et sudorifique.

Le *chardon bénit* est doué d'une saveur amère intense : on l'emploie dans la faiblesse d'estomac, la dyspepsie et les fièvres intermittentes. On le cultivait avec beaucoup de soin, lorsqu'on reconnut que la campagne en était couverte.

Le *chêne* combat, avec son écorce, la dysenterie et les hémorragies scorbutiques. Cette écorce en poudre est un astringent dont on obtient les meilleurs résultats.

Le *chèvrefeuille* demande à être respiré sur place : ses émanations seront douces aux malades et aux convalescents.

Le *chiendent* tire son nom de l'habitude qu'a le chien d'en manger pour se purger. Azor se soigne, et cette sollicitude pour sa chère santé n'est pas une des moindres preuves de son intelligence. C'est avec le chiendent qu'on fait la tisane commune des hôpitaux. Il contient de l'amidon et du sucre et, en calmant l'irritation, fait peu à peu cesser toute douleur. Le mois d'octobre est le moment le plus propice pour sa récolte.

La *chicorée sauvage* croît partout : c'est un bon tonique excitant.

On a dit que la *ciguë*, qui rend de bons services comme stupéfiant du système nerveux dans la phtisie, guérissait le cancer. J'estime qu'il faut être très réservé vis-à-vis de cette plante, qui empoisonne les lapins, les chevaux, les bœufs et les philosophes. Versons un pleur sur Socrate, et consultons un médecin.

La *citrouille* s'emploie crue pour les brûlures, et ses semences, broyées avec du lait, forment une émulsion émolliente et rafraîchissante.

Le *coquelicot*, qui se multiplie prodigieusement, peut servir à titre de calmant dans le catarrhe pulmonaire et dans la coqueluche : la décoction de ses capsules est fort énergique, puisqu'elle peut, dans quelques cas, remplacer l'opium.

Le *cresson*, la santé du corps!... contient du fer, de l'iode, du soufre, des phosphates : il est très utile dans les scrofules, dans certaines hydropisies et dans un grand nombre de maladies chroniques.

Les feuilles de *digitale*, qu'on récolte en juin et en juillet, sont diurétiques, mais il faut n'en faire usage qu'avec la plus grande circonspection.

La *douce-amère*, qu'on a appelée la vigne de Judée, est stimulante, sudorifique, dépurative et facilement narcotique. Il ne faut pas l'employer à haute dose. Jadis, elle était très en faveur : aujourd'hui on l'abandonne sans raison plausible, car elle constitue un agent très actif.

Avec les fruits de l'*églantier*, on prépare un sirop astringent qui réussit bien contre les diarrhées des enfants.

L'*ellébore noir*, que les anciens regardaient comme un remède puissant contre la folie, purge activement : on a constaté qu'il était employé avec succès dans la paralysie, la goutte, le rhumatisme et les maladies chroniques de la peau.

L'*épine-vinette* a beaucoup de qualités, mais un terrible défaut : sa racine est employée dans la teinture ; la seconde écorce de sa tige, et surtout celle de sa racine, est amère, tonique et purgative ; ses baies servent à fabriquer une boisson qui calme la fièvre ; mais l'épine-vinette porte malheur aux champs de blé qu'elle borde : un champignon microscopique qui s'attache à elle fait naître la rouille ou la carie chez les céréales qui croissent à ses côtés.

Les racines et les fleurs du *fraisier* sont diurétiques et légèrement astringentes.

La *fraxinelle*, qu'on appelle aussi *buisson ardent*, a des feuilles qui dégagent une odeur aromatique, et des fleurs qui sentent le citron. En Sibérie, on fabrique du thé de fraxinelle, dont les propriétés sont stimulantes et stomachiques.

Une décoction de feuilles de *frêne* qu'on prend dans l'intervalle des accès de la fièvre intermittente produit un soulagement très appréciable. A forte dose, la décoction des semences est un purgatif énergique.

La *fumeterre* est tonique, dépurative et vermifuge. On la récolte avant l'éclosion des fleurs, et on la fait sécher. Cette plante est connue sous le nom peu flatteur de *fiel de terre*.

Le *fusain*, arbrisseau très rameux, offre contre la gale un remède populaire, qu'on obtient avec la décoction d'une once de ses fruits bien mûrs dans un litre d'eau.

La *germandrée* est un excitant amer, tonique et fébrifuge, qu'on a nommé chasse-fièvre pour résumer en deux mots ses principales qualités. On en fait infuser vingt grammes dans un litre d'eau, et on en prend une tasse avant le repas.

Les baies du *genévrier* ont sur l'économie une action stimulante. La décoction du bois réduit en copeaux est un bon sudorifique. Quant aux baies, les paysans des régions arides en font un vin qui n'est pas à dédaigner.

Une décoction des rameaux et des sommités fleuries du *genêt* rend de grands services dans le rhumatisme chronique, la goutte, les maladies de foie et de la peau. On a faussement attribué au genêt des vertus antirabiques.

La *gentiane* agit par un principe amer pur. Administrée en poudre dans du vin, elle guérit souvent les fièvres paludéennes, et aucun tonique n'est plus efficace contre les maladies scrofuleuses.

Le *géranium* a été employé en médecine comme astringent, en gargarismes. On s'en sert aussi comme antispasmodique et excitant.

La *globulaire* est un arbrisseau du midi de la France, dont les feuilles ont été proposées comme le meilleur succédané du séné. On l'utilise contre les sciatiques et pour guérir les constipations opiniâtres.

La *gratiole* a beaucoup servi en qualité de purgatif, mais elle est peu employée par les praticiens, à cause de l'irritation violente et des accidents qu'elle peut occasionner.

La *guimauve* rend de nombreux services. C'est en raison de la grande quantité de mucilage qu'elle cède à l'eau qu'on l'emploie journellement contre les inflammations, en tisanes, sirops, lavements et lotions. Remède très populaire contre les rhumes, la guimauve, entière, en belle racine sèche, est donnée aux enfants, qui la mâchonnent afin d'aider à l'évolution des dents.

Le *houblon* est un médicament employé dans le rachitisme, les scrofules et les maladies de la peau. Dorvault dit qu'on a conseillé le houblon en oreiller pour les personnes atteintes d'insomnie.

Les feuilles du *houx* et leur principe actif ont été vantés contre les rhumatismes et les fièvres intermittentes.

L'*hysope*, qui est l'herbe sacrée des Hébreux, est un stimulant et un expectorant assez employé sous forme d'infusion. Les parties usitées sont les sommités fleuries et les feuilles. En Perse, l'hysope jouit de la réputation de donner de l'éclat au teint; aussi les femmes en faisaient un fréquent usage.

L'*if commun*, très répandu en France et dans la majeure partie de l'Europe, a été employé par Percy pour la fabrication d'un sirop contre la toux, les douleurs de la gravelle. Néanmoins la plante est considérée comme suspecte par un certain nombre d'auteurs.

L'*iris*, d'après des expériences faites en Italie, aurait une action fébrifuge. Le principe âcre qu'il contient le rend propre à entretenir dans les plaies une irritation nécessaire.

Les fumeurs en mâchent les copeaux pour corriger l'odeur du tabac.

Le *jasmin* est plus utile à la toilette qu'à la santé. On retire de ses fleurs une essence très agréable.

La *joubarbe des vignes* sert, dans quelques contrées, de remède populaire contre les coupures et les cors. Dorvault mentionne ses propriétés, et c'est à ce seul titre que je les enregistre.

La *jusquiame noire* est calmante et antispasmodique. Son efficacité ne saurait être mise en doute dans certaines névralgies, telles que le tic douloureux de la face, la sciatique, etc. Consulter le médecin, car cette plante peut être dangereuse.

La *laitue cultivée* combat l'insomnie. Dans les bronchites légères, la grippe, elle calme les accidents nerveux. On n'emploie de cette plante que le suc épaissi qu'elle donne lorsqu'elle est montée en tige, et qu'on appelle *lactucarium*.

La *lauréole* est un arbrisseau des bois montueux de la France, qui montre, dès les premiers jours, des fleurs rouges très belles et d'une odeur suave. Ses feuilles sont purgatives.

Le *laurier* fleurit, mais ne fructifie pas en France ; il est efficace contre les douleurs névralgiques, le rhumatisme, la goutte, la migraine. Raspail, se basant sur les propriétés du camphre qu'il a en lui, en a fait un remède à tous les maux. C'est exagéré.

La *lavande* est prescrite pour conjurer les menaces d'apoplexie, de paralysie et d'asphyxie. On s'en sert encore dans les cas de catarrhe.

Les baies du *lierre* passent pour purgatives. L'écorce était jadis employée pour les dartres. On sait que les feuilles servent au pansement des cautères.

Le *lin* est émollient : il est employé en tonique contre les inflammations de l'estomac et des intestins, la diarrhée, la dysenterie, la péritonite et les enrouements.

On emploie les fleurs et surtout les bulbes (oignons) du *lis* en cataplasmes émollients et maturatifs.

La *livèche* est prescrite contre les obstructions et les hydropisies abdominales.

La *mandragore* est une plante à feuilles très larges, partant immédiatement de la racine. On l'emploie à l'extérieur en cataplasmes sur les tumeurs scrofuleuses. Se garder d'y recourir sans l'avis du docteur.

La *matricaire,* dont les fleurs ressemblent assez à des pâquerettes, est stomachique, antispasmodique et vermifuge. Elle est employée en infusions.

Le *mélilot* est légèrement astringent et émollient. On emploie les sommités en infusions qu'on oppose à l'ophtalmie et aux tumeurs inflammatoires.

La *mélisse* est aromatique. On l'emploie avec succès dans le cas de digestions difficiles, pour les maux de tête et les palpitations nerveuses.

La *menthe* est aromatique et tonique. On l'utilise, à l'extérieur, pour calmer les ecchymoses, les contusions, les tumeurs, les ulcères ; à l'intérieur, dans les cas de faiblesse d'estomac et de vomissements.

La *mercuriale* est une plante très commune dans les champs cultivés. C'est un purgatif. Se souvenir que le chimiste Reichardt y a trouvé un principe très vénéneux.

Pour donner une idée des propriétés de la *millefeuille*, Saffray a répété ses noms populaires : herbe aux charpentiers, herbe aux coupures, herbe aux voituriers, herbe aux militaires, sourcil de Vénus, herbe aux cochers. En somme, elle est excitante, tonique et vulnéraire.

La *morelle douce-amère*, appelée aussi vigne de Judée, doit son nom à la saveur à la fois amère et sucrée des sucs qu'elle contient. On la considère comme dépurative. Le docteur Héraut nous apprend qu'on l'a recommandée dans le catarrhe pulmonaire chronique, les douleurs rhumatismales et goutteuses, l'herpès et l'eczéma. En résumé, beaucoup de qualités.

Le *mouron blanc*, qu'on donne à Paris aux oiseaux, est une petite plante fort commune dans les champs et qui a été employée comme émollient.

La *mousse de Corse* est vermifuge : son effet, en infusions, est de détruire les vers intestinaux.

La *moutarde noire*, qu'on rencontre dans les lieux pierreux, les décombres et les champs un peu humides, est, à l'intérieur, tonique, stimulante, antiscorbutique et purgative selon la dose. A l'extérieur, et sous forme de sinapisme, c'est le révulsif habituel.

La *moutarde blanche* est un remède populaire, que certains industriels ont vanté comme une panacée universelle. Elle est usitée dans quelques affections du tube digestif et surtout pour combattre la constipation. Le mode d'administration consiste à faire ingérer tous les jours une ou plusieurs cuillerées de ses graines.

Le *muguet de mai*, commun dans les bois et les lieux ombragés, a été vanté pour les services qu'il rend contre la migraine, les convulsions et l'épilepsie.

Le fruit du *mûrier*, les mûres servent à préparer un sirop

acide et astringent, très employé en gargarismes contre les maux de gorge. L'écorce de la racine passe pour purgative.

Le *narcisse*, plante bulbeuse, à fleurs jaunes, a été employé dans l'épilepsie et contre les vers. Cette plante est très active, mais son emploi offre des dangers.

Le *navet* est la plante alimentaire de nos champs dont la racine, à titre de pectoral incisif, est la base d'un sirop employé dans des tisanes.

Le **nénuphar blanc**, dont les fleurs d'un blanc virginal s'épanouissent à la surface de l'eau, a reçu le nom de lis des étangs et de lune d'eau. La racine de cette plante contient un principe un peu âcre et narcotique. Il faut, cependant, n'user du nénuphar que d'après l'avis du médecin.

Du *noyer ordinaire* on emploie les feuilles, le brou et les noix. Les feuilles sont usitées dans le traitement de la scrofule ; sous forme de décoction, on s'en sert pour laver et panser les ulcères. Le ratafia de brou de noix est un bon stomachique. Les noix passent pour vermifuges. Enfin, la deuxième écorce du noyer passe pour vésicante et purgative.

Les pétales de l'*œillet* passent pour toniques : on en prépare un sirop dont l'usage n'est pas fort répandu.

L'*oignon* vulgaire est un stimulant puissant. Les Arabes l'emploient, broyé dans du vinaigre, en frictions pour faire disparaître les taches de rousseur. Chose étrange ! dans le Sahara on suce un oignon pour faire disparaître la soif.

L'*oranger* rend beaucoup de services. Ses fleurs, ses fruits et ses feuilles s'utilisent avec un égal succès. Employé en infusions, il calme les irritations nerveuses, les spasmes et les toux convulsives.

Les graines de l'*orge* sont émollientes en tisanes contre les maladies inflammatoires, la fièvre et les irritations chroniques. Le cataplasme de farine d'orge remplace avantageusement la farine de lin. Hippocrate ordonnait dans les maladies aiguës la boisson faite avec l'orge privée de sa tunique extérieure, boisson que les Grecs nommaient *ptisane*, d'où vient qu'en médecine les décoctions ont conservé la dénomination de tisane.

L'*ortie blanche*, dont le vrai nom est lamier blanc, croît dans les haies, les lieux incultes et humides, au milieu de l'ortie commune, avec laquelle elle présente une certaine ressemblance par ses feuilles. Partie usitée, la fleur, que l'on cueille au mois de mai. Pour les uns, elle est légèrement tonique ; pour les autres, elle a une action astringente.

L'*oseille* est un acidule rafraîchissant. Elle fait la base du bouillon aux herbes. La racine d'oseille a été employée comme diurétique en infusé.

La *pariétaire* officinale est une petite plante chargée de poils crochus, de saveur herbacée, un peu salée. On l'emploie le plus souvent fraîche. Elle passe pour adoucissante, rafraîchissante et diurétique.

Le *pavot blanc* est un narcotique. Comme calmant, c'est une excellente doublure de l'oranger.

Le *pavot coquelicot*, que l'on trouve dans les moissons, a une partie usitée en médecine, les pétales. On les récolte pendant tout l'été. On les emploie dans le catarrhe pulmonaire, les angines et les fièvres éruptives.

Les fleurs et les feuilles du *pêcher* sont légèrement purgatives. Les premières servent à préparer un sirop pour les enfants.

La *pensée sauvage* jouit de propriétés dépuratives. On récolte l'herbe entière et fleurie pendant toute la belle saison, et il faut prendre soin de la dessécher promptement. La racine de la pensée sauvage est émétique comme celle de la violette.

Le *persil* est une plante herbacée cultivée dans nos jardins pour les besoins culinaires. La racine est excitante et apéritive. Le docteur Péraire lui attribue d'incontestables propriétés fébrifuges. Appliquées à l'extérieur, les feuilles du persil sont résolutives et stimulantes.

Les feuilles de la *pervenche* sont employées en infusé pour aider, d'après la médecine populaire, à tarir le lait des nourrices.

On n'utilise les bourgeons du *peuplier* que comme balsamique et vulnéraire.

Le *piment* est plutôt culinaire que médical. Cependant quelques-unes de ses espèces peuvent être employées dans certains cas, tels que la dyspepsie, la paralysie et la goutte atonique.

La *pimprenelle,* que le vulgaire applique aux brûlures, est astringente, diurétique et vulnéraire. Les feuilles, on le sait, servent d'assaisonnement pour la salade.

Le *pin sylvestre,* dont les rameaux touffus, un peu tombants, et le feuillage toujours vert, forment pendant l'hiver le plus bel ornement de nos paysages, rend de grands services à l'industrie. Mais au point de vue médical, le seul qui nous occupe, il n'est pas moins utile. Le docteur Saffray dit que ses bourgeons, en infusion prolongée, ou en décoction dans de l'eau, du petit-lait, du cidre et surtout de la bière, à laquelle ils donnent un goût agréable, constituent un excellent remède antiscorbutique. Leurs propriétés toniques, excitantes, diurétiques et sudorifiques favorisent puissamment la réaction nécessaire pour triompher de l'affaiblissement général qui accompagne non seulement le scorbut, mais la plupart des maladies chroniques contractées par suite d'une mauvaise nourriture et d'une habitation malsaine.

Le *pissenlit*, qu'on appelle aussi dent-de-lion et couronne-de-moine, peut être employé avec succès dans les obstructions viscérales. Son nom français lui vient, dit-on, de sa vertu diurétique.

Le *plantain*, si commun dans les prés, dans les champs et le long des chemins, est un excellent émollient. Soit verte, soit sèche, cette plante s'emploie en décoction pour lotions, gargarismes, et en infusion pour la tisane. L'infusion du plantain est efficace contre les maladies des yeux, alors qu'il y a larmoiement et difficulté de voir la lumière.

La racine du *pois* ordinaire est utilisée comme résolutive.

Les fruits, les feuilles et l'écorce du *poirier* sont utilisés avec succès. L'écorce a été vantée contre les fièvres intermittentes. Toutes les parties de cet arbre ont été recommandées contre l'empoisonnement par les champignons. Les fruits sont calmants, tempérants et légèrement laxatifs.

La *pomme de terre* n'est pas seulement la ressource suprême de toutes les ménagères; c'est encore, au point de vue de la santé, une collaboratrice éminente. La fécule de pomme de terre est utilisée, en médecine, en cataplasmes. La pomme de terre est émolliente et antiscorbutique : râpée, elle constitue un bon topique pour les brûlures.

Les feuilles du *pommier*, employées en décoction, coupent

très bien les fièvres d'accès simples, surtout si on fait précéder leur emploi d'un léger vomitif suivi d'un purgatif.

La *primevère* a appelé l'attention à cause de ses fleurs, qui ne manquent pas d'une certaine activité. Elles n'ont jamais mérité le nom d'*herbe à la paralysie*, qui lui a été donné parfois, mais elles exercent sur le système nerveux une action calmante, comparable à celle du tilleul.

Le *raifort* est antiscorbutique. Il guérit le scorbut, accélère les digestions difficiles, et son usage est également prescrit contre les scrofules, l'hydropisie, la goutte et les rhumatismes.

La *réglisse* est adoucissante et pectorale. En faisant infuser sa racine on parvient à calmer toutes les inflammations aiguës, les catarrhes de la vessie, les rhumes et les toux sèches.

La *renoncule*, dont il y a environ cent cinquante espèces, a des propriétés trop irritantes pour qu'on en fasse usage à l'intérieur. On doit seulement mettre à profit l'action vésicante et même caustique de sa racine. Un bracelet de renoncule pilée a souvent servi à prévenir un accès de fièvre.

Le *robinier*, vulgairement appelé *acacia*, est originaire de la Virginie, mais admirablement naturalisé en Europe. Ses fleurs sont considérées comme antispasmodiques. L'écorce et les racines jouissent de propriétés vomitives très prononcées.

La *ronce sauvage*, commune dans les bois, les haies, les buissons, est réputée, grâce à ses feuilles, comme astringente et tonique. Leur décoction, unie au miel rosat, est un remède populaire contre l'angine inflammatoire.

Le *rosier*, cultivé dans toutes les provinces de France, peut servir, avec ses fleurs, dont on fait la conserve de roses, à combattre la dysenterie chronique, la diarrhée et la phtisie pulmonaire.

La *rue* est vermifuge. Dans les cas d'hypocondrie et d'épilepsie, on a obtenu, grâce à elle, d'excellents résultats.

Le *safran* cultivé, qui paraît originaire d'Asie, mais que l'on récolte dans le Loiret et dans la Vaucluse, passe avec raison pour stimulant, sédatif, antispasmodique et un peu narcotique. Il fait partie de plusieurs sirops employés en frictions sur les gencives pour calmer les douleurs de dents.

Le *sapin* commun, qui, en France, croît surtout dans les Alpes et dans les Vosges, fournit ces jeunes pousses si connues en pharmacie sous le nom de bourgeons de sapin. On les emploie en infusion ou décoction, comme excitants et diurétiques.

La *saponaire* est prescrite contre la jaunisse, les vers, l'hystérie et l'épilepsie. On peut lui substituer la salsepareille et la pensée sauvage.

La *sauge* s'emploie en infusions contre le catarrhe atonique et la toux humide.

L'écorce du *saule blanc* est un tonique énergique et un peu astringent. Un grand nombre d'expériences ne permettent plus de douter de sa vertu fébrifuge. A cet égard, elle est, de tous les arbres d'Europe, celle qui se rapproche le plus du quinquina.

On a utilisé le *sceau de Salomon* comme vomitif, astringent et vulnéraire.

La *scrofulaire*, employée jadis contre les affections scrofuleuses, a servi de base à plusieurs onguents. Chez les Arabes de l'Algérie, le décocté de scrofulaire est usité en tisane dans les fièvres intermittentes.

La farine de *seigle* est employée en cataplasmes comme résolutive. L'ergot de seigle a été employé avec succès, sous forme de sirop, pour le traitement de la coqueluche.

La *stramoine* est remarquable par ses grandes feuilles d'un vert sombre. On utilise ses feuilles dans les névralgies, les spasmes, et particulièrement dans l'asthme. Pour toutes les maladies des organes respiratoires, on fait de ses feuilles des cigarettes dont on aspire utilement la fumée. La stramoine a des ennemis parmi les docteurs. Donc, un peu de circonspection.

Le *sureau,* dont on utilise les baies, les fleurs et l'écorce, s'emploie contre les catarrhes pulmonaires commençant, le coryza et l'inflammation de la gorge par suite de transpiration arrêtée.

Le *tabac,* que les Indiens du nouveau monde ne se contentent pas de fumer, était fréquemment employé par eux pour des usages médicaux. J'enregistre ce fait, et je conseille l'abstention.

Le *thym* ainsi que le *serpolet,* qui n'en est qu'une variété, croissent spontanément en France, surtout dans le Midi. Le thym est éminemment excitant et stimulant. On emploie avec succès son infusion dans les cas de paresse d'estomac, de faiblesse générale accompagnée de tristesse et de manque d'énergie, et dans les maux de tête. Le serpolet peut remplir la même mission.

Le *tilleul,* dont le parfum suave attire l'attention, a mille services à nous rendre. Les fleurs, qu'on récolte aux mois de juillet et d'août, sont douées de grandes vertus calmantes. Leur infusion, d'une odeur et d'un goût agréables, est d'un usage familier dans la migraine, les vomissements et les indigestions. Elle remplace avantageusement celle du thé, qui cause souvent une irritation nerveuse. L'écorce du tilleul s'applique sur les plaies et les brûlures. Comme émollient, les feuilles peuvent encore remplacer celles de la mauve.

Le *trèfle* d'eau est amer, fébrifuge, antiscorbutique et vermifuge. A haute dose, il est vomitif et purgatif. — Cazin dit que les propriétés de cette plante sont celles des amers en général, et en particulier celles de la gentiane.

Le *troène* est un arbrisseau qui croît dans nos contrées et que l'on reconnaît à ses toutes petites fleurs blanches odorantes, disposées en grappes. Les feuilles et les fleurs du troène sont de légers astringents.

Les feuilles de *tussilage,* qu'il faut dessécher avec soin, car l'humidité les détruit promptement, sont rangées, en histoire naturelle médicale, parmi les espèces pectorales. Dans les campagnes, elles constituent une ressource précieuse dans la scrofule et ses complications diverses.

La *valériane* est antispasmodique. Elle peut, comme le gui et la pivoine, rendre des services dans les cas d'épilepsie, d'hystérie et de spasmes.

La *verveine,* qu'il faut cueillir avant la floraison, jouissait auprès des Anciens d'une merveilleuse renommée. Les magiciens la faisaient entrer dans leurs enchantements. On lui attribuait le privilège de réconcilier les ennemis. Quoi qu'il en soit de ses propriétés douteuses, elle est employée avec succès en cataplasmes sur les points de côté, contre les douleurs rhumatismales et les maux de tête.

La *véronique,* qu'on a appelée thé d'Europe, et qu'on récolte dans les lieux arides qu'elle affectionne, peut, avec l'infusion de ses feuilles, être utile dans les catarrhes pulmonaires chroniques. On la remarquera facilement aux jolies grappes de ses fleurs bleues.

La *violette,* qui est si modeste qu'elle vient après toutes les plantes, même par lettre alphabétique, est émolliente et pectorale. Elle est excellente contre les irritations de poitrine, les angines et les embarras des bronches.

*
* *

Certes, je n'ai pas la prétention d'avoir nommé toutes les plantes médicalement utiles. On me pardonnera d'en avoir oublié quelques-unes qui, cependant, ont le droit de dresser fièrement leur tige devant l'homme qui peut lui demander un service, avec la certitude de l'obtenir.

D'ailleurs on retrouvera plus loin quelques-uns des noms qui manquent à ma liste; car je veux, pour être aussi complet qu'on peut l'être avec le cadre restreint de cette étude, je veux donner une classification médicale des plantes, une énumération de diverses maladies, avec le remède végétal qui leur convient, enfin la méthode employée pour récolter les plantes utiles à la santé.

⁂

Des médecins dont l'autorité est indiscutable acceptent volontiers la classification suivante :

Plantes adoucissantes. — L'acanthe, l'avoine, la betterave, la bourrache, la guimauve, la laitue, le lin, l'orge, l'oseille, le plantain, la réglisse, la sagittaire et le tussilage.

Plantes fortifiantes. — L'angélique, la camomille, le cassis, la grande centaurée, la chicorée sauvage, la fraxinelle, la germandrée, le houblon, l'hysope, la lavande, la roquette, la sauge, le thym et la véronique.

Plantes antinerveuses. — La coriandre, le gui, le laurier, la lavande, la mélisse, la morelle, le nénuphar, l'oranger, le pavot, la pivoine, le romarin, le serpolet, le tilleul et la valériane.

Plantes astringentes. — L'aigremoine, le chêne, le chèvrefeuille, le fraisier, la joubarbe, le mûrier, la pervenche, le prunellier, la ronce, la rose de Provins, le sceau de Salomon, la scolopendre, la tormentille et la verge d'or.

Plantes diurétiques. — La busserole, l'épine-vinette, le genêt à balai, l'hépatique, la mercuriale, l'oignon, la pariétaire, la pimprenelle, le pissenlit, la reine des prés, le sapin et la saxifrage.

Plantes sudorifiques. — La douce-amère, le genévrier, la laiche des sables, le sureau et la vipérine.

Plantes purgatives. — L'eupatoire, la globulaire, la gratiole, l'iris germanique, le liseron, la parisette, le ricin et la soldanelle.

Plantes fébrifuges. — La benoîte, la petite centaurée, la clématite, le houx, le narcisse des prés, le pastel, le saule blanc et la tanaisie.

Plantes vermifuges. — L'ansérine, la balsamite, le cyclame, la fougère, la fumeterre, le grenadier, la mousse de Corse, le pêcher, la primevère et la sarriette.

* * *

Il faut considérer comme plantes dangereuses :

L'aconit, l'actée, l'anémone sylvie, l'aron, la bryone, la grande et la petite ciguë, la coloquinte, la dentelaire, l'ergot de seigle, l'euphorbe, le garou, la jusquiame, la laitue vireuse, le laurier-cerise, le muflier, la pulsatille, la renoncule âcre, la renoncule scélérate, la stramoine et le dompte-venin.

* * *

Le docteur Deschanalet a fait un tableau des maladies diverses, avec l'indication des plantes employées pour les traiter. On nous saura gré de citer quelques extraits de cette consultation permanente.

Aux affections nerveuses, il oppose l'azarum ; à l'engorgement des amygdales, l'aigremoine; à l'angine, la réglisse; aux aphtes, la guimauve et le lin; à l'asphyxie, la lavande; à l'asthme, l'arnica; à la bronchite, l'aulnée; aux calculs biliaires, le chiendent; aux calculs de la vessie, le houblon; à la surexcitation du cerveau, la globulaire; aux contusions, la menthe; aux convulsions, l'oranger et la douce-amère; au coryza, le sureau; aux dartres, la chélidoine; au défaut d'appétit, le rosier; à la diarrhée, la camomille; aux digestions difficiles, l'absinthe et l'angélique; à la dysenterie, l'absinthe et la guimauve; à l'enrouement, le lin; à l'érésipèle, le sureau; à la faiblesse d'estomac, le fenouil; aux fièvres intermittentes, la petite centaurée et l'absinthe; à la goutte, l'arnica; à l'hypocondrie, la rue; à l'inflammation de poitrine, le chiendent; à l'irritation, le pavot; à la jaunisse, la chélidoine; à l'agitation des nerfs, l'oranger; à l'ophtalmie, le mélilot et la guimauve; aux palpitations, la mélisse; à la pleurésie, la douce-amère; à la pulmonie, le lichen; au rachitisme, le houblon; aux rhumatismes, l'arnica et le raifort; à la rougeole et à la scarlatine, la bourrache; au scorbut, l'angélique; aux spasmes, l'oranger; à la toux, l'aulnée; aux vomissements, la menthe; aux vertiges, la mélisse.

*
* *

Un botaniste expérimenté nous a indiqué l'époque de la récolte des plantes : c'est, en général, par un temps sec, après le lever du soleil et la disparition de la rosée.

Les *fleurs* se cueillent ordinairement un peu avant leur complet épanouissement.

Il en est ainsi des *feuilles*. Le moment de la formation des boutons florifères est le plus convenable, parce qu'alors la plante est dans son plus puissant état de vitalité.

Les *bourgeons* se récoltent au printemps, et les *fruits* à l'automne.

Le temps propice à cette récolte doit varier suivant le mouvement de la sève pour les premiers, et suivant l'état de la maturité pour les seconds.

Les *racines* s'arrachent au printemps et à l'automne.

Les *écorces* ont cela de particulier que plus elles avancent en âge, plus leur action médicamenteuse est puissante, pourvu toutefois qu'elles soient adhérentes au bois, et sans altération ni carie.

L'hiver convient généralement à la récolte des écorces : celle des arbres résineux se fait au printemps, celle des arbrisseaux à l'automne.

Quelques mots employés dans le cours de cette étude ont besoin d'être expliqués à quelques-unes de nos lectrices. Voici donc leur signification médicale :

Astringent, médicament qui resserre les tissus.
Balsamique, qui tient de la nature du baume.
Cordial, substance qui excite les mouvements du cœur et augmente la force du pouls.
Diurétique, qui augmente la sécrétion urinaire en calmant les irritations des reins.
Émollients, dénomination des médicaments qui ont la propriété de relâcher les tissus et de combattre les inflammations.
Excitant, qui stimule l'organisme, et le cœur en particulier.
Narcotique, médicament qui produit l'assoupissement qui endort.
Pectoral, qui agit sur les organes pectoraux et sert à combattre les bronchites et les rhumes.
Résolutif se dit des médicaments qui ont la propriété de faire disparaître les engorgements sur lesquels on les applique.
Révulsif se dit des moyens que l'art emploie pour détourner le principe d'une maladie.
Rubéfiants, agents qui rougissent les parties sur lesquelles on les applique.

Sédatif, médicament employé pour combattre les inflammations douloureuses.

Stomachiques, médicaments excitants qui fortifient l'estomac et facilitent la digestion.

Sudorifique, substance qui, en général, excite l'économie animale, notamment l'organe de la circulation, active la transpiration cutanée, provoque la sueur.

Tonique, qui fortifie les tissus et combat les faiblesses.

Vermifuge, remède contre les vers intestinaux.

Vésicant, remède qui, appliqué sur un tissu vivant, soulève l'épiderme et produit des espèces de vessies.

Vulnéraires, médicaments qui favorisent la cicatrisation des plaies.

FIN

TABLE

	Pages.
Au lecteur	7
Chez les abeilles	17
Le monde des oiseaux	57
La source et le ruisseau	111
Le tour d'une forêt	161
Les fruits de France	223
Une pharmacie dans les champs	275

SOCIÉTÉ ANONYME D'IMPRIMERIE DE VILLEFRANCHE-DE-ROUERGUE
Jules Bardoux, Directeur.

www.ingramcontent.com/pod-product-compliance
Lightning Source LLC
Chambersburg PA
CBHW071341150426
43191CB00007B/804